디톡스 커뮤니케이션

디톡스 커뮤니케이션

지은이 문석현
펴낸이 안용백
펴낸곳 (주)넥서스

초판 1쇄 발행 2013년 9월 25일
초판 2쇄 발행 2013년 9월 30일

출판신고 1992년 4월 3일 제311-2002-2호
121-840 서울시 마포구 서교동 394-2
Tel (02)330-5500 Fax (02)330-5555

ISBN 978-89-6790-528-6 03320

저자와 출판사의 허락 없이 내용의 일부를
인용하거나 발췌하는 것을 금합니다.
저자와의 협의에 따라서 인지는 붙이지 않습니다.

가격은 뒤표지에 있습니다.
잘못 만들어진 책은 구입처에서 바꾸어 드립니다.

www.nexusbook.com
넥서스BIZ는 (주)넥서스의 경제경영 브랜드입니다.

소통을 방해하는 불순물을 제거하라

디톡스 커뮤니케이션

문석현 지음

DETOX
communication

넥서스BIZ

★ 여는 글

당신도 독소와 노폐물을 뺀 건강한 커뮤니케이션을 할 수 있다

우연히 접하게 된 대니얼 카너먼의 《생각에 관한 생각》을 통해 《디톡스 커뮤니케이션》을 고민하게 되었다. 몇 가지 기억에 남는 것을 소개한다.

1. 전달하려는 메시지를 더욱 효과적으로 부각하기 위해서는 글자를 최대한 굵고 진하게 표시하라. 컬러를 이용한다면 회색이나 노란색, 하늘색 같은 중간색보다 빨강 같은 원색을 사용하라. 훨씬 더 신뢰를 받을 수 있다.

2. 간단하게, 기억하기 쉽게 메시지를 작성하라. 같은 운율이 반복되면 더욱 좋다.

3. 사람은 누구나 한두 가지의 증거로 성급한 결론을 내린다. 두뇌를 사용하는 것을 자동적으로 피하려 하기 때문이다. 또한 축적된 경험을 바탕으로 서둘러 결론에 도달하려 한다. 대니얼 카너먼은 단 한마디로 사람의 판단과 결론을 이렇게 표현했다.

★★★

"당신에게 보이는 것이 세상의 전부이다."

다음 두 문장을 읽은 뒤 어느 쪽이 더 끌리는지 판단해 보라. 그렇다면 대니얼 카너먼의 말이 확실하게 이해될 것이다.

A. 이 우유는 90퍼센트 무지방 우유입니다.
B. 이 우유는 10퍼센트의 지방이 있는 우유입니다.

4. 사람은 현재의 마음 상태에 따라 세상을 판단한다. 예를 들면 "현재 행복하신가요?"라고 물으면 높은 점수를 부여하지 않지만, "지난 데이트는 환상적이었죠?"라고 물은 뒤 "현재 행복하신가요?"라고 물으면 대부분 높은 점수를 부여한다.

5. 감정과 무의식이라는 꼬리가 이성이라는 몸통을 흔드는 격이다. 우리의 의사결정은 이런 패턴의 반복이다.

필자는 이 책을 통해 사람이 얼마나 비이성적이고 비논리적인 선택과 판단을 습관적으로 반복하는 존재인지 깨달았다. 그리고 '이 행동 경제학의 이론들을 효과적인 커뮤니케이션에 활용할 수는 없을까.' 하는 궁금증을 해소하고자 관련 서적들을 탐독하기 시작했다.

보통의 사람, 더구나 이성적인 판단을 하는 사람이라고 자평하는 사람은 절대 인정할 수 없겠지만 누구나 갖고 있는 숨은 이면을 발견하는 과정은 신기하고 재미있었다. 하지만 그 흥미로운 이론들을 커뮤니케이션, 즉 소통과 공감, 설득이라는 주제와 연결시키는 것은 결코 쉽지 않았다.

《디톡스 커뮤니케이션》을 완성하기까지 꽤 오랜 시간이 걸렸다. 적지 않은 책을 반복해서 읽으며 그 안의 여러 이론을 정리하고, 걷잡을 수 없는 상상을 펼치며 일상생활에 어떻게 적용시킬 수 있을지 고민하고 또 고민했다. 또한 성공한 커뮤니케이션 사례들을 수집하고 검증하는 과정을 거쳤다.

원활한 커뮤니케이션을 위해서는 반드시 논리와 이성, 마음을 뒤흔드는 감성이 필요하다. 상황에 따라 각기 다른 커뮤니케이션 스킬이 필요하겠지만 어떤 스킬을 활용하든 군더더기와 소음이 없는 커뮤니케이션을 할 수 있다면 최상의 결과를 만들어 낼 수 있다.

이 책은 그런 소통과 공감을 위한 방법론들을 제시하고 있다. 이 책을 통해 강조하고 싶은 것은 '군살이 없고, 독소와 노폐물을 뺀 커뮤니케이션'이야말로 '건강한 커뮤니케이션'이라는 것이다. 말하는 사람은 알맹이도 없으면서 풍부한 것처럼 속이는 것이 아니라, 핵심을 뽑아 정직하게 있는 그대로를 전달하고, 듣는 사람은 아무런 방해물 없이 메시지의 본질만을 온전히 이해하고 받아들이는 것이 건강한 커뮤니케이션이다. 정보와 광고, 자기주장이 난무하는 이 시대에는 의심과 의혹이 많을 수밖에 없다. 하지만 화려한 말재주와 스킬로 상대방을 현혹하는 커뮤니케이션을 하면 후회가 뒤따르고, 신뢰는 떨어지게 마련이다.

필자는 말을 업으로 삼고 사람들 앞에 서는 사람이다 보니, 상업 광고를 목적으로 하는 직업을 갖고 있다 보니 있는 그대로가 아니라 더욱 요란하고 현란하게 말을 포장해야 한다는 유혹을 떨치기 쉽지 않다. 실제로 '반짝 스킬'을 활용해 제법 유명세를 탄 동료도 꽤 있다. 하지만 상대방의 마음을

★★★

이용하여 목적을 이루기보다 스스로를 되돌아보고 상대방을 이해한 뒤 커뮤니케이션을 시도한다면 앞서 말했듯이 독소와 노폐물을 제거한 진정한 소통과 공감을 하리라 확신한다.

　이 책은 많은 사람의 도움으로 세상에 내놓을 수 있었다. 우선 뛰어난 두뇌와 빼어난 용모를 물려주지는 않았지만 메모하는 습관, 실험해 보는 습관을 비롯하여 여기저기 기웃거리며 호기심을 갖는 DNA를 물려주신 부모님께 깊은 감사를 드린다. 그리고 거친 세상에서 소리 없이 전투 아닌 전투를 치르고 있는 조카 형준이에게도 고맙다고 전하고 싶다.

　"형준아, 네가 재미있어 하는 일을 해. 그게 네가 가장 잘할 수 있는 일이야. 그리고 너에게는 건강한 삼촌이 있단다."

　또한 끊임없이 소재를 제공해 주었던 쇼호스트 동료들과 필자와 제대로 디톡스 커뮤니케이션을 해 준 넥서스 출판사 김동화 에디터에게 감사의 박수를 보낸다. 마지막으로 이 책을 접한 모든 독자가 건강하고 효과적인 커뮤니케이션을 하게 되길 진심으로 바란다.

문석현

★ 차례

여는 글_
당신도 독소와 노폐물을 뺀 건강한 커뮤니케이션을 할 수 있다 ...004

STEP 1 상태 점검
커뮤니케이션을 무겁게 만드는 **군살을 체크하라**

<u>Story</u> 누구나 스피치는 부담스러워하지만 스토리는 듣고 싶어 한다 ...014

1. 주변의 작은 이야기부터 점검하라 ...018

2. 나의 스토리로 상대방의 호기심을 자극하라 ...025

3. 짧은 시간에 큰 효과를 내는 에피소드를 활용하라 ...031

4. 사소한 구실이 커뮤니케이션의 에너지가 된다 ...037

5. 바로 '지금'을 이야기하라 ...045

6. 나만의 비하인드 스토리를 활용하라 ...051

STEP 2 불순물 배출
커뮤니케이션을 방해하는 **불순물을 배출하라**

<u>Story</u> 피로 물질의 장벽을 허물지 못하면 불편한 커뮤니케이션만 남는다 ...058

1. 나를 먼저 보여 주어 교감을 확장시켜라 ...062
2. 긍정적인 반응을 일으켜 대화에 탄력을 불어넣어라 ...068
3. 상대방이 쉽게 답할 수 있는 질문을 던져라 ...074
4. 미처 생각지 못한 방법으로 대화를 시작하라 ...082
5. 스토리로 감동과 공감, 소통의 세 마리 토끼를 잡아라 ...091
6. 올바른 자세로 커뮤니케이션의 강도를 높여라 ...097

STEP 3 근력 운동
커뮤니케이션에 붙어 있는 지방을 **근육으로 만들어라**

Story 상대방의 마음을 움직이게 만드는 킬링 스피치 스킬을 익혀라 ...106

1. 1, 2, 3으로 스피치의 기본을 다져라 ...110

2. 공통점을 찾아 커뮤니케이션에 활력을 불어넣어라 ...116

3. 이미지가 바로 떠오르게 이야기하라 ...123

4. 간결할수록 커뮤니케이션 효과가 커진다 ...129

5. 그 어떤 말도 긍정 언어를 이길 수 없다 ...135

6. 배를 채워야 커뮤니케이션의 밸런스가 유지된다 ...142

STEP 4 디톡스 완성
초강력 신진대사를 위한 프리미엄 테크닉

Story 무의식의 힘을 이용하면 먹히는 커뮤니케이션을 할 수 있다 ...148

1. 운율 반복은 놀라운 영향력을 발휘한다 ...152
2. "마음대로 하세요." 이 한마디가 원동력이 된다 ...158
3. 커뮤니케이션에 '손해'가 떠오르면 설득이 완성된다 ...164
4. '착한 여자' 심리를 노려라 ...170
5. 기준이 있어야 커뮤니케이션의 수준이 올라간다 ...176
6. 구체적으로 말해 커뮤니케이션의 파워를 높여라 ...182
7. 보석 상자 콘셉트를 활용하라 ...189
8. 고정관념을 살짝 틀면 대화를 주도할 수 있다 ...195
9. 포인트를 잡아 슬림하게 커뮤니케이션하라 ...200
10. 마음의 균형을 잡아 주면 상대방은 저절로 움직인다 ...205
11. 좋은 향기로 최상의 커뮤니케이션을 하라 ...211
12. 좋은 습관이 원하는 방향으로 길을 열어 준다 ...216

참고 문헌 ...222

STEP 1

상태 점검

커뮤니케이션을 무겁게 만드는
군살을 체크하라

STORY

누구나
스피치는 부담스러워하지만
스토리는 듣고 싶어 한다

탈북자인 지인에 대한 이야기이다. 그는 강연 요청이 많이 들어와 관공서, 학교 등을 돌아다니며 바쁜 일정을 소화하고 있다. 그런데 어디를 가도 북한 실상에 대해 이야기하면 대부분 꾸벅꾸벅 졸다가 "자, 지금부터 북한에만 있는 '기쁨조'에 대한 이야기를 들려 드리겠습니다."라고 말하면 일제히 눈을 크게 뜨고 자신을 뚫어지게 쳐다본다고 한다. 그는 이렇게 말했다.

"대부분의 사람이 내가 들려주고 싶은 주제가 아닌 주변 이야기에만 관심을 보여 당황스러웠던 적이 한두 번이 아니야."

그의 표정과 말투를 통해 그가 청중을 답답하고 한심하게 생각하고 있다는 것을 느낄 수 있었다.

만약 당신이라면 이런 상황에서 어떻게 하겠는가. '청중의 수준이 이 정도밖에 안 되니 어쩔 도리가 없지.'라고 생각하며 탄식만 할 것인가? 안타깝게도 청중의 수준과 지금 이 글을 읽고 있는 당신의 수준은 큰 차이가 없다. 누구나 스피치는 부담스러워하지만 스토리는 좋아한다. 센스 있는 강사라면 기쁨조 이야기 안에 북한의 실상을 집어넣어 이야기했을 것이다. '기쁨조'에 대한 이야기 속에 북한의 일인 독재 체제를 비롯하여 여타 안타까운 현실을 충분히 녹아 낼 수 있지 않을까.

많은 사람이 작은 양념이 요리에 얼마나 큰 변화를 주는지, 훌륭한 재료들을 얼마나 돋보이게 해 주는지는 잘 알고 있다. 하지만 커뮤니케이션에서의 양념 역할에 대해서는 잘 알지 못한다. 또한 우리가 칼로리가 적은 음식을 선호하는 것처럼 작고 하찮아 보이는 이야기를 얼마나 좋아하는지 잘 모르는 경우가 많다.

패키지 해외여행을 떠났다고 상상해 보라. 목적지로 이동하는 차 안에서 가이드가 한 다리를 가리키며 이렇게 말한다.

"저 다리는 10년 전에 만들어진 최첨단 다리입니다. 당시 유명한 건축·토목 학자들이 동원되어 만들어졌죠. 과연 저 다리는 어떤 공법으로 만들어졌을까요? 바로……."

대부분의 관광객은 '내가 왜 이런 설명을 들어야 하는 거야?'라는 생각을 하며 얼굴을 찌푸릴 것이다. 그렇다면 이런 설명은 어떨까?

"저 다리는 10년 전에 만들어졌습니다. 이곳에서 일어난 지진 때문에 바로 저 다리에서 이 나라 역사상 가장 많은 희생자가 발생했어요. 정부는 희생자들의 넋을 위로해 주어야 한다며 다리 재건을 철저하게 계획했고, 그로 인해 뛰어난 능력을 가진 건축·토목학자들이 열 일 제쳐 두고 모여 다리를 만들었죠. 다리를 만드는 과정에서 전에 없던 새로운 공법이 탄생하기도

했습니다."

　이런 식으로 이야기를 풀어 나가면 관광객들은 더욱 흥미를 느낄 것이다. 어떠한 양념을 사용했느냐에 따라 음식의 맛이 완전히 달라지듯, 똑같은 이야기라 하더라도 어떻게 풀어 나갔느냐에 따라 상대방의 반응이 크게 달라진다.

　전달하고자 하는 정보를 쉽게 이해시키고 오랫동안 기억하게 하며, 정서 몰입과 공감을 이끌어 내야 한다. 이것이 바로 스토리텔링의 정의이자 목적이다. 사전적 의미만을 놓고 보면 상당히 어렵고 부담스럽다. 하지만 본질을 알고 나면 학자들이나 정의할 것 같은 스토리텔링이 나의 커뮤니케이션 무기가 될 수 있다.

　누구나 언제든지 꺼내 놓을 수 있는 이야기를 가슴속에 품고 있다. 그 이야기 안에는 위험이 있고, 위기가 있고, 쓰라린 아픔이 있고, 기쁨과 희열이 있다. 남들은 모르고 있는 이야기에 생명을 불어넣으면 획기적이고 참신하며 창의적인 커뮤니케이션을 할 수 있다. 다만 많은 사람이 그것을 활용하는 방법을 모르고 있을 뿐이다. 만약 그 상황에 맞는 이야깃거리가 없다 하더라도 걱정할 필요 없다. 어떠한 주제가 있으면 그 주제가 선정되기까지 수많은 우여곡절이 있을 수밖에 없고, 그 과정에서 자연스럽게 이야깃거리가 생길 테니 말이다.

　말을 잘하고 싶어 하는 사람은 입 모양을 크게 하고 또박또박 발음하고자 노력한다. 그것도 나쁜 방법은 아니다. 하지만 사실 아나운서나 쇼호스트, 리포터 등 전문 방송인이 아니고서는 발음 연습에 굳이 많은 노력을 기울이지 않아도 된다. 또한 지독한 발음 장애를 가지고 있지 않고서는 소통하는 데 지장이 없다. 그러한 것보다 더욱 우선적으로 신경 써야 하는 것은

'무엇을, 어떻게 말할까'에 대한 것이다. 하지만 많은 사람이 이 점을 쉽게 간과한다.

대체 왜 그런 것일까? 방법을 모르기 때문에? '빨리빨리'를 좋아하는 우리나라 사람들의 급한 성격 때문에? 그것도 아니면 뭔가 진중하고 엄숙해야 할 자리에 자신의 이야기를 늘어놓으면 가벼워 보일 것 같아서? 뭐가 됐든 상대방이 내가 하는 말에 집중하게 하고, 오랫동안 기억하게 만드는 것이 가장 훌륭한 커뮤니케이션 방법이다. 단, 나의 인격에 해가 되지 않는 내용이어야 한다.

다이어트를 결심했을 때 무작정 운동을 시작하는 것보다 먼저 무엇을, 어떻게 먹을지를 신중하게 생각하는 것이 좋다. 마찬가지로 누군가에게 내 생각을 설득시키기 위해서는 큰 것에만, 주제에만 치우쳐 생각하지 말고 어떤 이야기를 선택하여 주제와 연결시켜 전개할지에 대해 신중하게 생각해야 한다.

다행히 우리 주변에는 훌륭한 소도구들이 널려 있다. 필자는 이번 장에서 그 소도구들을 잘 활용하여 상대방을 이해시키고 공감시킬 수 있는 방법에 대해 소개하려 한다. 쉽고도 어려운, 어렵고도 쉬운 내용이지만 단 하나만 기억하면 된다.

> '누구나 스피치는 부담스러워하지만
> 스토리는 듣고 싶어 한다.'

이것만 기억한다면 커뮤니케이션에서 반 이상은 성공한 것과 다름없다. 좋은 재료를 먹는 것만으로도 어느 정도 다이어트에 성공할 수 있는 것처럼 말이다.

source 1

주변의 작은 이야기부터
점검하라

일본은 섬나라이다. 그래서 항상 바람이 많이 분다. 바람이 많이 불면 똑같은 기온이라 하더라도 체감온도는 훨씬 많이 떨어진다. 그렇기 때문에 실제로 일본 사람들은 추위를 많이 타고, 그로 인해 일본에서는 오래전부터 내의 문화가 발달해 왔다. 심지어 내의를 전문적으로 판매하는 빌딩이 있을 정도이다.

2010년 겨울, 우리나라 역시 엄청나게 추웠다. 홈쇼핑 회사마다 월동용 가전제품은 물론, 겨울 내의가 없어서 팔지 못할 정도였다. 기상청에서는 2010년에 이어 2011년 역시 강추위가 몰아칠 것이라고 예보해 많은 사람의 마음을 더욱더 춥게 만들었다. 2011년이 되자 각 홈쇼핑 회사는 지난해보다 내의 수요가 더 클 것이라 예상하고 더 많은 물량을 확보하기 위해 애를 먹었다. 그로 인해 많은 홈쇼핑에서 자신들이 확보한 브랜드의 내의를 소개하느라 난리도 아니었다.

그런데 이게 웬일인가. 시청자들의 지갑이 쉽게 열리지 않았다. 내의 스타일은 물론 쇼호스트들의 방송 진행 스타일이 모두 비슷하니 시청자들이 쉽게 구매 결정을 내리지 못하는 것이었다. 하지만 이런 상황에서 방송 때마다 목표 대비 평균 200%의 달성률을 기록하고, 세 달 계획한 방송 물량을 한 달 만에 모두 판매한 독보적인 내의가 있었다. 주인공은 바로 'ㄱ내의'. 우선 'ㄱ내의'의 장점을 살펴보도록 하자.

- 특허 받은 기능성 원단
- 쾌적한 흡한·속건 기능
- 위생적인 항균 기능
- 입은 듯 안 입은 듯한 초경량 소재
- 다양한 컬러와 합리적인 가격(3벌 구입 시 69,900원)

이런 특징만을 강조하여 방송을 했다면 어떻게 됐을까? 보나마나 결과는 쪽박이다. 시청자의 입장에서 보면 그다지 새로울 것이 없으니 소화와 흡수가 되지 않는 불편한 메시지, 그야말로 군살 덩어리일 뿐이다. 다른 내의와 별 차이가 없어 보일 뿐 아니라 심지어 가격도 비슷하다.

그렇다면 'ㄱ내의'는 왜 대박이 난 것일까? 촬영 영상이 좋아서? 상품을 잘 배치해 두어서? 진중한 톤으로 유머 있는 멘트를 날리는 쇼호스트의 진행 스타일 때문에? 모두 정답이 아니다. 상품을 소개할 때 녹아든 '상품 주변 이야기'가 남달랐고, 쇼호스트의 배경 지식과 이야기가 소비자들의 호기심을 불러일으켰다. 그렇기 때문에 상품에 대한 신뢰가 생기고 자연스럽게 구매로 이어진 것이다.

'ㄱ내의'는 일본에서 내의 2대 브랜드로 꼽히는 'ㄱ사'의 제품을 모토로 만들었다. 'ㄱ사'에서 만든 원사 이름이 '핫 매직(HOT MAGIC)'인데, 우리나라의 한 방적회사와 일본 'ㄱ사'의 합작회사가 핫 매직과 기능이 거의 같은 원사를 만들어 냈다. 'ㄱ내의'는 'ㄱ사'로부터 '핫 매직'이라는 명칭을 사용할 수 있도록 허가를 받아 '핫 매직 기능성 내의'라는 이름으로 방송을 할 수 있었다.

자칫 "일제 아냐?"라는 오해를 불러일으킬 수도 있는 위험한 상품이었다. 일단 '일제'라는 프레임이 시청자의 마음속에 자리 잡으면 거부감이 들 수도 있기 때문에 조심스러울 수밖에 없었다. 여기에 첫 방송 바로 이틀 전에 방송통신심의위원회로부터 '발열 내의'라는 표현을 사용하지 말라는 통보까지 받은 상황이라 방송 담당자들은 포기 반, 체념 반으로 마음을 비우고 방송에 임했다. 그 전까지는 어떤 내의든 '발열 내의'라는 표현을 사용해 매출을 올렸기 때문에 가능성이 전혀 보이지 않았다.

그렇다면 상품 자체는 매우 우수하지만 주변 상황이 악재투성이인 상품을 어떻게 히트시켰는지 구체적으로 알아보자.

앞서 스토리텔링의 가장 큰 목적은 '전달하고자 하는 정보를 쉽게 이해시키고, 오래 기억하게 하며, 정서 몰입과 공감을 이끌어 내는 것'이라고 설명했다. 어렵다고? 사실 알고 보면 별거 아니다. 주변과 배경에 살짝 집중하면 된다.

다음 과정을 통해 'ㄱ내의'를 판매한 방송이 다른 내의 방송과 어떤 점이 다른지 생각해 보라.

시청자 : 어? 내의 방송을 하네? 안 그래도 예보를 보니 올겨울도 꽤 춥다고 하던데, 괜찮으면 미리 사 둬야겠다. 그런데 우리나라에도 꽤 많은 브랜드의 내의가 있는데 왜 굳이 일본 회사에서 만든 내의를 팔고 있는 거지?

쇼호스트 : 일본은 섬나라여서 항상 바람이 세게 붑니다. 그래서 같은

기온이라도 겨울에는 더 춥게 느껴지죠. 그런 환경 때문에 일본의 내의 문화는 우리보다 훨씬 발달해 있고, 역사도 깊습니다.

시청자 : 음, 그랬구나. 그럴 만도 하겠네. 제주도만 해도 바람이 좀 세? 저 회사 이름은 백화점에서 스타킹 살 때 본 것도 같은데……

쇼호스트 : 'ㄱ사'라는 회사 이름을 들어본 적 있으십니까? 내의 문화가 발달한 일본에서 내의만으로 115년 전통을 자랑하는 2대 이너웨어 그룹입니다. 일본 내 주요 백화점은 물론, 이 회사 제품만 판매하는 빌딩이 있을 정도로 일본 사람들이 사랑하는 브랜드이죠. 많은 사람에게 인정받은 내의 제작 노하우를 가지고 있는 이 회사에서 올겨울을 따뜻하게 나기 위한 특별한 원사로 내의를 만들었습니다. 바로 '핫 매직'인데요. 이미 일본에서는 선풍적인 인기를 끌고 있습니다(이때 'ㄱ회사'의 매장 모습과 빌딩 등 각종 제품 영상이 소개된다.).

시청자 : 괜찮은 것 같은데?

쇼호스트 : 그래서 우리 기술력으로 '핫 매직'과 똑같은 원사를 만들었습니다. 이미 특허도 받았습니다. 이 특허 받은 원사로 만든 내의를 입었을 때 체온 상승효과를 입증할 수 있는 실험을 마쳤습니다. 따뜻함! 완벽하게 보장할 수 있습니다. 또한 원사의 혼용률이 무려 94%나 되어서 흡한·속건과 항균 기능까지 모두 갖추었습니다.

시청자 : 아, 우리나라 제품이구나. 좋아! 그런데 비싸지는 않을까?

쇼호스트 : 일본에서 핫 매직은 상당히 비싼 가격에 팔리고 있습니다. 하지만 저희는 다릅니다. 상하 한 벌씩 총 세 벌을 준비했습니다. 한 달에 8천 원 정도만 투자하세요. 그럼 따뜻한 겨울을 보내실 수 있습니다.

시청자 : 가격도 부담이 없네. 당장 주문해야겠어.

바로 이거다. 스토리텔링에 대한 교과서적인 정의를 그대로 지킨 예라고 할 수 있다. 내의와 일본의 관계에 대해 생각해 본 적 없는 상대방에게 일본 기후의 특징에 대해 이야기하며 일본과 내의와의 밀접한 관계를 쉽게 이해시킨 것이 가장 큰 포인트였다.

그 다음에 생소하긴 하지만 일본에서 가장 인기 있는 내의 브랜드를 소개하여 신뢰를 형성하고, 다른 내의와의 차별점을 부각시켰다. 그로 인해 자연스럽게 상대방의 기억 속에 상품이 자리를 잡게 된 것이다. 이러한 상태에서 상품의 장점을 부각하니 소비자는 다른 내의들보다 훨씬 매력적이라고 느끼는 것이다.

아무도 집중하지 않았던 배경 지식, 즉 '일본은 섬나라이다. 일본 사람들은 추위를 많이 탄다. 그래서 내의 문화와 산업이 우리가 생각하는 것 이상으로 발달했다.'라는 설명으로 관심과 몰입을 부추기고, 결국에는 공감을 불러일으킨 것이다.

자, 다음 예를 한 번 생각해 보라.

- 이 암 보험은 진단 시 그 어떤 보험보다 더 큰 보장 금액, 1억 원을 드립니다.
- 대한민국 성인 남자 세 명 중 한 명은 암으로 사망합니다.

어떤 말이 더욱 효과적일까? 대부분의 사람은 후자에 더 관심을 기울인다. 가장 중요하다고 생각하는 장점만을 늘어놓는 것보다 배경이나 주변 지식으로부터 출발하여 상대방이 어떤 주제든지 본질적인 의미를 쉽게 이해할 수 있게 만드는 것이 커뮤니케이션의 첫 번째 기술이다.

이런 기술이 내가 말하고자 하는 장점과 자연스럽게 연결될 수 있다면 금상첨화이다. 이러한 말하기 기술이 바로 '스토리텔링'이다. 이는 독소와 군더더기를 제거하고, 생각과 태도를 바꿀 수 있는 매우 효과적인 도구가 될 수 있다. 배경이나 주변 지식은 설득뿐 아니라 정서적인 공감까지 이루어 낼 수 있기 때문에 진정한 커뮤니케이션 파워를 발휘할 수 있다. 참고로 이 방송을 진행한 두 명의 쇼호스트 중 한 명이 필자였다.

김난도의 저서 《아프니까 청춘이다》에 '인생 계산법'이라는 것이 나온다. 이 책을 읽어 본 독자라면 기억이 날 것이다. 24시간은 1,440분이고, 이것을 8년으로 나누면 18분이다. 1년에 18분씩, 10년에 3시간씩 간다고 계산하면 20세는 새벽 6시, 29세는 아침 8시 42분이다. 마흔이 되어서도 정오밖에 안 된다. 그는 이렇게 말했다.

> "'나는 너무 늦었어!'라고 단정 지으려는 것은 '사실'의 문제가 아니라 '자기기만'의 문제이다. 그대, 아직 이르다. 적어도 무엇이든 바꿀 수 있을 만큼은."

이해가 되고, 공감이 가고, 무언가 마음속에 표현하기 힘든 동요가 일어나지 않는가? 이것이 스토리텔링의 힘이다. 남들과 다르게 보이는 것도 중요하지만 남들과 다른 이야기를 하는 것은 더욱더 중요하다. 몰입과 집중은 물론, 더 높은 신뢰와 권위가 생기기 때문이다. 그렇다고 해서 남들과 다른 이야기를 해야 한다는 부담감을 가질 필요는 없다. 말할 수 있는 '거리'는 얼마든지 있다. 주변의 작은 이야기를 점검하고 본론과 연결시키면 의외로 쉽게 해결할 수 있다.

　<u>내가 가장 말하고 싶은 장점이 커뮤니케이션을 방해하는 가장 큰 군살이 될 수도 있다.</u> 상대방 입장에서는 공감이 잘 되지 않기 때문에 분해와 연소가 잘 되지 않아 군살이 될 가능성이 있다. 나의 주장이 어떤 배경에서 비롯한 것인지부터 점검한다면 커뮤니케이션은 상대방의 머리와 가슴에 쉽게 용해될 것이다. 무엇보다 스토리텔링을 통해 상대방이 본론 이상의 것을 이해하고 공감할 수 있다는 것을 명심하라.

TIP 　쑥쑥 흡수되는 스토리 재료 1

1. 꼭 말하고자 하는 장점은 일단 뒤로 하고, 나의 주장이 어떤 배경에서 비롯한 것인지부터 파악해야 한다.
2. 사람들이 가장 재미있어 하는 이야기는 바로 '뒷담화'이다. 마찬가지로 배경 지식과 이야기로 대화를 시작하면 상대방도 호기심을 가질 것이다.
3. 전혀 상관없어 보이는 이야기가 소통의 열쇠가 될 수 있다. 그러한 이야기가 배경이 되고 근거가 되면 상대방은 더욱 귀를 기울일 것이고, 나아가 내 말을 더 쉽고 정확하게 이해하며, 더 오래 기억할 것이다.

source 2
나의 스토리로 상대방의 호기심을 자극하라

    회사에서 방송을 준비하다가 우연히 경쟁사 홈쇼핑 방송을 보게 되었다. 얼마 전까지 필자가 몸담고 있는 회사에서도 판매를 했다가 매출이 부진하여 방송을 중단하고 불명예 퇴진을 한 가발을 소개하고 있었다. 텔레비전 광고를 통해 인지도가 높은 상품이었지만 가격대가 워낙 높다 보니 (150~250만 원 정도) 짧은 시간 안에 많은 구매 전화를 이끌어 내야 하는 홈쇼핑 특성상 좋은 매출을 올리기에는 다소 무리가 있었다.
    그런데 경쟁사에서 시청자가 가장 많이 몰리는 저녁 시간대에 과감하게 편성을 한 것이 아닌가. 과연 성공할 수 있을지 호기심 가득한 시선으로 방송을 지켜보았다. 주문 상황은 알 수 없었지만 예사롭지 않은 반응이 올 것이라는 확신이 들었다. 게스트의 솔직하면서 가슴을 울리는 한마디 한마디가 귀를 사로잡았기 때문이다. 시청자들 역시 필자와 같은 생각이었을 것이라 생각한다.

게스트는 연예인 이상의 인지도를 유지하고 있는 야구 해설가였다. 처음에는 그가 그 회사의 가발을 늘 착용한다고 하여 경험에서 비롯한 착용감이나 모발의 재질 등 제품의 장점을 내세워 무난하게 코멘트를 할 것이라 짐작했다. 그 정도만 해 주어도 충분히 광고가 될 것 같았다. 그런데 그는 예상을 뛰어넘을 정도로 화려한 입담을 쏟아 냈다.

"헤어스타일이 바뀌면 사고의 변화가 옵니다. 거울을 보면서 '아 내가 아직 젊구나.'라는 생각을 자주 합니다. 그런 생각을 자주 하기 때문일까요. 자연스럽게 자신감이 생기더라고요."

"사우나를 한 뒤 드라이를 할 때의 기분, 그 기분은 아무도 몰라요. 아무런 변화가 없어요. 쌩쌩하거든요. 예전에는 머리숱이 워낙 없으니 수건으로 툭툭 털었지 뭐……."

본인의 이야기를 가식 없이 털어놓으니 제품의 성능이고 뭐고 그냥 그의 말 한마디에 가슴이 뛰는 것을 느꼈다. 필자는 탈모와는 상관없는 축복받은(?) 모발을 가지고 있어 주문전화를 걸지 않았지만, 분명 매일 거울을 보며 머리숱이 적은 자신의 모습에 상심하는 사람이라면 충분히 관심을 가지고 공감할 만한 이야기였다.

==누구나 사랑하고 좋아할 수밖에 없는 콘텐츠에는 '재미'와 '의미'가 담겨 있다. 제품 자체의 성능은 그다음 이야기이다.== 이러한 것에 대해 미리 알고 이야기를 한 것인지는 잘 모르겠지만 그는 평소에 탈모 때문에 고민하는 사람들이 공통으로 겪었을 법한 이야기를 함으로써 '젊음'이라는 의미를 전혀 티 나지 않게, 하지만 강하게 부각했다. 시청자의 가슴을 움직일 만한 최고의 스토리텔링을 구사한 것이다. 그의 스토리텔링은 여기서 그치지 않았

다. 그는 마지막 결정타를 날렸다.

"6개월 정도 지나면 사람들이 원래 내 머리인 줄 알아요. 가발이라고 생각하는 사람이 별로 없더라고요."

최고 수준의 마케팅은 상대방을 들뜨게 하고 즐거운 상상을 하게 만드는 것이다. 오랫동안 방송을 해 온 내공이 있어서일까? 그의 입에서 나오는 솔직한 체험담은 단순한 광고를 넘어 같은 문제로 고민하고 있는 사람들에게 마음의 평안함을 찾아 주는 일종의 치료제 역할을 했다. 가발을 착용해야 하는 이유에 대해서 이보다 더 훌륭하게 설득할 수 있는 방법이 있을까? 그는 체험을 통해 의미를 깨닫게 해 주는 교과서적인 스토리텔링의 매력을 모두 보여 주었다.

그런데 이게 웬일인가. 그 상황에서 갑자기 쇼호스트가 제품의 기능과 구매 조건 등을 소리 높여 외치며 시간을 허비하는 것이 아닌가.

"네! 오늘 주문하시면 보다 좋은 조건으로, 저렴하게 구입할 수 있습니다. 자동주문전화 만 원, 일시불로 하시면 또 만 원을 깎아 드립니다. 무이자 12개월을 이용하시면 더욱더 부담이 줄어듭니다. 지금 바로 자동주문전화를 이용하세요."

순간 맥이 빠졌다. 시청자들도 마찬가지였을 것이다. 그동안 나를 괴롭히던 최대의 고민거리를 해결해 줄 최고의 해결사를 만난 듯한 기분이었는데, 느닷없이 제품의 기능과 구매 조건 등을 거론하며 이성을 자극해 구매를 재촉하니 어찌 허탈하지 않겠는가.

200만 원을 호가하는 상품에 몇 만 원 정도의 할인 효과만을 보고 상품을 주문하는 사람은 많지 않을 것이다. 또한 게스트의 솔직하고 편안한 멘트를 갑자기 막고 하이 톤으로 '절호의 구매 찬스'를 외치는 쇼호스트의 목소리는 어울리지 않았을 뿐 아니라 듣기에 상당히 거북했다. 모처럼 맛있게 잘 익은 라면을 먹으려고 하는데, 더 맛있게 먹을 욕심으로 느닷없이 달걀을 푼 격이 되어 버렸다. 면발만 더 퍼지고 칼로리만 늘어난 셈이다.

이때 쇼호스트가 무조건 주문을 재촉하는 멘트보다 차분한 톤으로 이런 말을 했으면 어땠을까?

"네. 무엇보다 젊어진 ○○씨의 모습을 바로 옆에서 지켜보니 제가 다 기분이 좋아지네요. 누군가가 아저씨가 아닌 오빠라고 불러 주면 기분이 참 좋죠? 오빠로 변신해 보세요. 지금 ○○씨가 해 주신 말들은 모발 때문에 고민하시는 모든 분들의 이야기입니다. 이젠 달라지세요. 매일 보는 주위 사람들도 조금만 지나면 모두 본인 머리일 거라고 인식한다잖아요. 지금 전화해서 화려한 변신을 시도해 보세요."

이 정도만 이야기했어도 시청자들은 수화기를 들었을 것이다. 또 알아서 한 푼이라도 절약하기 위해 자동주문전화를 걸어 일시불이든 무이자 할부든 자신에게 적합한 방법을 선택했을 것이다.

KBS 프로그램인 '1박 2일'에서 소개된 촬영지는 예외 없이 많은 사람이 찾는다. 잠시 지친 일상에서 벗어나 1박 2일 멤버들이 겪은 경험을 공유하면서 마음의 위로를 받고 공통의 기쁨을 향유하고자 하는 것이다. 아주 작은 공통의 경험을 통해 무언가를 깨닫고 즐거움을 얻을 수 있다. 그런 과정을 통해 커뮤니케이션은 증폭된다. 자신이 가 본 여행지에 다녀온 사람과 대화를 나눌 때 커뮤니케이션이 원활하게 이루어지는 것을 느껴 본 경험이 있을 것이다.

"나도 작년에 그곳으로 가족 여행을 다녀왔어. 어땠어? 경치가 정말 죽이지 않아?"

이런 대화를 통해 상대방과의 거리감을 좁힐 수 있고, 호감을 심어 줄 수 있다.

스토리텔러는 대단한 이야기꾼이나 숙련된 사람만을 지칭하는 것이 아니다. 공통의 경험이 있다면 어디에서든지 공통의 의미를 찾을 수 있다. 바로 그 지점에서 진솔하고 재미있는, 서로에게 빠져드는 커뮤니케이션이 일어난다. **공통점이 없다고 해서 걱정할 필요는 없다. 지극히 개인적이고 사변적인 이야기라 해도 가감 없이 풀어 낼 용기만 있다면 훌륭한 커뮤니케이션을 할 수 있다.** 상대방은 솔직하고 꾸밈없는 당신의 이야기를 잘 받아들여 줄 것이다.

한 번 상상해 보자. 극단적인 예이기는 하지만 그 가발을 애용한 야구 해설가가 가발의 재질이나 굵기, 기능 등에 대해서만 이야기했다면 과연 효과가 있었을까? 시청자들은 그 어떤 공감도 하지 못했을 것이다. 현실에서는 안타깝게도 그렇게 어이없는 실수를 저지르는 경우가 많다. 이것이 바로 '스토리 테러'이다. 성급함과 좁은 시야 때문에 효과적인 커뮤니케이션을 망치는 경우가 흔하게 일어난다.

만약 '왜 사람들이 내 이야기에는 관심을 갖지 않는 것일까?'라는 생각이 들면, 서둘러 처음으로 돌아가 '혹시 내가 상대방을 너무 쉽게(혹은 너무 어렵게) 생각해서 성급하게 내 주장만 강요하고 있는 것은 아닐까?'를 되짚어 보기 바란다. 이런 노력과 고민이 없다면 당신은 지금 엄청난 '스토리 테러'를 자행하고 있는 것이다.

훌륭한 스토리텔링과 끔찍한 스토리 테러는 한 끗 차이이다. 앞서 언급한 홈쇼핑 가발 방송에서 훌륭한 스토리텔러와 무시무시한 스토리 테러의 차이를 가슴으로 느꼈을 것이다.

좀처럼 마음의 문을 열지 않는 사람이 있다. 하지만 무섭고 단호한 사람이라 해도 의외로 개인적인 스토리는 잘 들어준다. '개인적인 스토리', 이것은 상대방과 커뮤니케이션을 이어 나가는 비밀의 열쇠가 될 수 있다. 나의 스토리는 상대방에게 호기심을 불러일으켜 줄 수 있고, 상대방으로 하여금 상상의 경험을 이끌어 낼 수 있다. 그것이 상대방에게는 색다르고, 아름다운 의미로 재해석된다. 크게 힘을 들이지 않고도 순도 높은 커뮤니케이션이 저절로 이루어지는 것이다.

> **TIP** 쏙쏙 흡수되는 스토리 재료 2
>
> 1. 지극히 개인적이고 사변적인 이야기라 해도 과소평가하지 말라. 이것을 가감 없이 풀어 낼 용기만 있다면 이것만으로도 훌륭한 커뮤니케이션을 할 수 있다. 상대방은 솔직하고 꾸밈없는 당신의 이야기를 잘 받아들일 것이다.
> 2. 개인적인 이야기는 비밀스러운 면이 있기 때문에 누구든지 흥미로움을 느낀다.
> 3. 공통의 경험이 있으면 커뮤니케이션은 더욱 원활하게 이루어진다. 그로 인해 거리감이 좁혀지고 서로에게 호기심을 갖는다.

source 3

짧은 시간에 큰 효과를 내는
에피소드를 활용하라

'신선한 충격을 안겨 주었다. 특히 아이돌 중심의 가요계에서 설 자리를 잃은 실력파 가수들에게 주말 황금 시간대에 무대가 주어졌다는 데 큰 의미가 있다.'

'최고 수준의 무대와 음악을 선사하며 가수들에게는 새로운 동기부여를, 시청자들에게는 무한한 감동을 선사했다.'

눈치가 빠른 사람들은 무엇에 대해 말하고 있는지 금방 알아차렸을 것이다. 지금은 종방된 '나는 가수다(이후 나가수)'에 대한 이야기이다. 방송 이후 미디어에서 위와 같은 반응이 쏟아졌다. 필자 역시 이 프로그램을 즐겨 보곤 했다. 혼을 실어 열창하는 가수들의 모습을 보고 감동한 적이 한두 번이 아니다. 방송을 보며 어린 조카에게는 다소 낯선 가수와 노래에 대해 설명해 주기도 하고 가족들과 순위를 예상해 보기도 했다. 필자는 '나가수'가 부족했던 가족 간의 대화를 채워 주고, 세대 차이가 아닌 공감과 공유를 만들어 준 고마운 프로그램이라 생각한다.

어느 날 방송에서 한 가수가 연습실에서 연습하는 모습을 소개하며 건강관리를 위해 평소 꾸준히 먹고 있다는 오메가3를 화면에 비춰 주었다. 그는 '호주에서 최고의 건강 기능 식품으로 인정받고 있는 제품'이라는 친절한 코멘트까지 날려 주었다. 역시 이날도 여러 가수의 혼이 실린 무대가 이어졌고, 프로그램은 무한한 감동을 남기며 끝이 났다.

바로 그때, 필자가 다니던 홈쇼핑 회사에서 '나가수'에서 한 가수가 우연찮게 홍보를 해 준 오메가3를 판매했다. 프로그램이 끝나고 광고가 시작되면 시청자들은 채널을 돌린다. 무심코 채널을 돌리다가 조금 전에 '나가수'에서 보았던 '오메가3'가 홈쇼핑에서 소개되고 있다면, 시청자들은 과연 어떤 반응을 보일까?

==사람들에게 있어서 브랜드의 힘은 어떠한 사람이나 특정 브랜드와의 경험, 에피소드에서 나온다고 한다.== 남들이 모두 최고라고 인정한다 해도 나에게 좋지 않은 기억이나 경험이 있는 브랜드라면 절대로 인정하지 않는다. 오히려 최악의 평가를 내리는 경우가 많다. 마트에서 어떠한 제품을 선택할 때 할인과 크게 상관없이 자연스럽게 특정 브랜드의 제품을 카트에 넣은 경험이 있을 것이다. 그것은 해당 브랜드와 나 사이에 긍정적인 기억을 떠올리게 해 주는 어떠한 스토리가 있기 때문이다.

《착각의 과학》의 저자 프리트헬름 슈바르츠 박사는 이렇게 말했다.

> "특정한 회사의 브랜드 로고를 보는 순간, 그 사람은 무의식적으로 1.7초 내에 번개같이 그 브랜드를 어떻게 인식하고 있는지를 판단하고 결정한다."

다시 말해, 해당 브랜드가 어떤 기억을 동반하는지를 묻는다는 것이다. 그 브랜드가 어떤 역사를 가지고 있는지, 문화에 어떤 영향을 끼쳐 왔는지, 결정적으로 나 개인은 그 브랜드를 통해 어떤 경험을 했는지 무의식적으로 순식간에 고려하고 판단한다. 그로 인해 판단 결과가 좋으면 그 브랜드에 긍정적인 감정을 갖게 되는 것이다. 무엇보다 개인과 관련된 스토리를 발견했을 때 더욱 즐거워하며 더 강력하게 자신의 판단을 믿는다.

다시 오메가3 이야기로 돌아가자. 홈쇼핑에서 소개한 오메가3는 대박이 났다. 평소보다 몇 배 이상의 매출 기록을 세웠으니 엄청난 대박이었다. 광고 아닌 광고를 해 준 한 가수의 말이 어떻게 이러한 막강한 파괴력을 가질 수 있을까? 만약 그 가수가 일반 광고 모델로 등장했다면 엄청난 매출을 기록할 수 있었을까? 이 오메가3가 대박이 날 수 있었던 1등 공신은 바로 '나가수'였다.

최고의 가수들이 모여 자신의 실력을 100%, 아니 그 이상 발휘하는 무대, 최고의 무대를 위해 안쓰러울 정도로 최선을 다하는 가수들의 모습, 가수들의 실력에 감동하는 시청자들…….

그렇게 최고로 감동적인 무대의 감동이 채 가시기도 전에 자신에게 엄청난 감동을 선사해 준 가수가 인정한 상품이 홈쇼핑에서 판매되고 있으니 어찌 관심이 가지 않겠는가. 덩달아 쇼호스트는 방금 전 '나가수'에 나온 건강 기능 식품이 바로 이 제품이라는 것을 계속해서 강조하고 있다. 이제 시청자의 무의식에는 이러한 프레임이 만들어진 것이다.

'최고의 가수들 - 최고의 무대 - 최고의 감동 - 최고의 상품'

최고의 에피소드와 추억을 선사했던 기억이 고스란히 시청자의 뇌, 정확하게 무의식에 남아 있기 때문에 상품을 보자마자 1.7초라는 짧은 시간에 상품에 대한 평가를 내리고 거부감 없이 전화기를 들었을 것이다. 그러고 나서 스스로 위로하며 이렇게 말했을 것이다.

"역시 건강관리, 혈관 관리는 중요하지. 그렇다면 최고가 좋지 않겠어?"

A라는 사람이 있다. 신기하게도 선배, 후배, 동기 등 사람마다 A를 다르게 평가한다. 당신도 이런 경험이 있을 것이다. 본질적으로 그 사람의 성격이나 말투, 행동은 똑같은데 왜 각각 다른 평가를 내리는 것일까? 그것은 전적으로 A와의 추억과 스토리, 에피소드 등이 다르기 때문이다. 그래서 A의 정체성이 여러 가지로 갈리는 것이다.

맛집이라고 소문난 식당에서 가장 싫어하는 직장 상사와 함께 식사를 해 본 사람은 이후에 그 식당에 대해 좋은 평가를 내리지 않는다. 그 식당만 생각하면 자연스럽게 직장 상사가 떠오르기 때문이다.

'국가 고객 만족도 1등', '소비자 품질 지수 1위', '경영 대상 수상'과 같이 브랜드 가치를 높이기 위한 공식적인 문구를 사용하는 것도 좋지만, 그 전에 고객을 만족시켰던, 소비자가 인정했던, 경영 혁신을 위해 노력했던 스토리를 발굴하는 노력을 기울여야 한다. 다시 말해, 기업의 입장이 아니라 소비자 사이에서 만들어지는 브랜드 스토리가 더 강한 힘을 발휘한다. 대부분의 사람은 일상에서 겪었던 기업과의 작은 이야기에 공감하고, 감동하기 때문이다. 그래서 그 스토리나 에피소드의 기억을 바탕으로 지지하기도 하고, 싸늘하게 돌아서기도 한다.

다른 사람들 앞에서 자기소개를 할 때도 마찬가지이다. 스스로를 낮게 평가하며 "먹고살기 위해서 지금까지……", "어떻게 하다 보니 여기까지……"라는 말을 사용하는 사람이 은근히 많다. 이러한 자세로는 나 자신의 브랜드 가치를 높일 수 없다.

그렇다면 어떻게 해야 할까? 앞서 말한 대로 자신의 에피소드를 통해, 다른 사람도 겪어 보았을 만한 스토리를 통해 자연스럽게 스스로를 소개해야 한다. 그렇게 공감대를 형성해야만 당신에 대한 호감도가 급상승하고, 당신의 가치가 훌륭하고 공고하게 사람들의 무의식에 자리 잡을 수 있다.

"공부로도, 매출로도 1등을 해 본 적은 없지만, 출근 시간만큼은 항상 상위권인 ○○○입니다."

"'나는 가수다'를 보고 감동해서 울다 잠들었더니 쌍꺼풀이 풀린 ○○○입니다. 하지만 평소 제 눈은 호수처럼 맑답니다."

누구나 출근의 추억과 에피소드를 가지고 있기 때문에 그러한 점을 부각시키는 것도 좋고, 많은 사람이 봤을 법한 TV 프로그램을 언급하는 것도 좋다. 공통의 관심사인 외모에 대해서는 두말할 필요가 없다.
이렇게 상대방이 공감하고 인정하는 에피소드부터 꺼내 들어야 한다. 이것이 결국 나를 돋보이게 해 주는, 언제나 1.7초 내에 호감을 갖게 해 주는 최고의 무기가 될 수 있다.

"네이버 뉴스 메인 화면에 이틀 동안 이름이 올라가 있었던 쇼호스트 문석현입니다."

"베스트셀러 작가, 교수, 쇼호스트로 활동하며 세 끼 밥 먹을 시간도 없는 문석현입니다."

낯부끄럽지만 필자는 외부 강의를 나가면 이렇게 자신을 소개한다. 누구나 포털 사이트를 습관적으로 보고, 직업에 대해 생각하기 때문에 조금이라도 자신의 가치를 높이며 공감대를 형성하기 위함이다.

다시 한 번 말하지만 브랜드의 힘을 키우고 싶다면, 자신의 가치를 높이고 싶다면 누구나 공유할 수 있는 에피소드를 활용해야 한다. 이성보다 강력한 힘을 발휘하는 것은 무의식에 접근하는 것이다. 포인트라 하기에 시시한 내용이라고 생각할 수도 있지만, 자신도 모르는 무의식이 스스로의 판단을 지배할 수 있기 때문에 의외로 많은 사람이 사소한 것에 목숨을 건다.

> **TIP** 쑥쑥 흡수되는 스토리 재료 3
>
> 1. 브랜드의 힘은 개인과 특정 브랜드 사이의 경험이나 에피소드에서 나온다. 그 경험으로 호불호가 극명하게 갈린다.
>
> 2. 대부분의 사람은 일상에서 겪었던 작은 이야기에 공감하고 감동한다. 따라서 그 스토리나 에피소드의 기억을 바탕으로 지지를 하기도 하고, 싸늘하게 돌아서기도 한다.
>
> 3. 나 자신도 하나의 브랜드이다. 다른 사람도 경험했을 법한 에피소드를 활용하여 자신을 소개하라. 당신의 이야기에 사람들이 공감한다면 당신에 대한 호감이 급상승하고 당신의 브랜드는 아주 훌륭하고 공고하게 사람들의 무의식에 자리 잡게 될 것이다.

source 4

사소한 구실이
커뮤니케이션의 에너지가 된다

  2월 말, 모처럼 날씨가 풀린 주말이었다. 오후 6시 정도가 되자 집 안에서 웅크리고 있던 사람이 모두 밖으로 나왔는지 도로가 꽉 막혀 30분이면 갈 수 있는 회사를 1시간이나 걸려 도착했다. 나 같아도 일만 아니면 뭔가 건수를 만들어 봄기운이 도는 2월의 마지막 주말을 즐겼을 것이다.

  그날 방송할 상품은 저축보험이었다. 많은 사람이 주말을 즐기기 위해 거리로 쏟아져 나왔는데 보험이라니! 게다가 이런 화창한 날에 집에서 텔레비전을 보는 사람들이 보험 방송에 관심을 갖겠는가? 아닌 게 아니라 이 상품은 그 주에만 두 차례 방송을 했는데, 결과가 모두 초라했다.

  그런데 오늘은 상황이 더욱더 좋지 않았다. 오늘은 과연 목표치에 도달할 수 있을까? 필자는 불가능할 것이라 생각했다. 방송 시간도 MBC '무한도전'과 SBS '스타킹'과 맞물려 있었기 때문에 시청률도 높지 않을 것이라 생각했다. 생각해 보라. 대부분의 사람이 인기 프로그램을 넋 놓고 보는 모습이 머릿속에 그려지지 않는가. 방송 PD도, 상품을 기획한 MD도 풀이 죽어 있기는 마찬가지였다.

PD : 오늘 얼마나 할 수 있을까요?

필자 : 글쎄……. 그래도 지난 방송 때보다는 잘해야겠죠?

PD : 그게 되겠어요? 이 시간에 집에서 홈쇼핑을 보는 사람이 얼마나 될까요? 무슨 좋은 방법 없을까요? 어떻게 좀 해 봐요!

필자 : 음…….

거의 자포자기 상태였다. 홈쇼핑에는 대본이 없다. 아무리 상황이 좋지 않다고 해서 생방송에서 침묵하고 있을 수는 없었기에 이것저것 생각나는 대로 키워드를 끄적였다.

불경기, 호텔 음식 부가세 10%, 아껴야 잘 산다, 5만 원, 이런 날 밖으로 나가면 무조건 돈이 깨진다…….

이렇게 적다 보니 뭔가 이야기가 떠오를 것 같기도 했다. 결국 하고 싶은 말이나 실컷 하기로 결심하고 방송을 시작했다. 그리고 이런 말들을 마구 내뱉었다.

"오늘 출근하는데 와~ 거리에 차가 엄청나게 많더군요. 30분이면 올 회사를 한 시간 넘게 걸려 왔습니다. 다들 어디를 그리 가시는지. 오늘 같은 날은 그저 집에서 편안하게 텔레비전을 시청하시는 게 최고입니다. 이런 날 밖에 나가 보세요. 친구를 만나든, 가족끼리 외식을 하든 최소 5만 원은 쓰지 않겠어요? 5만 원이 뭡니까! 10만 원 이상도 펑펑 쓰게 되죠. 주말에 갈 데 없다고 실망하지 마세요. 나가면 돈입니다. 오늘 집 밖으로 나가지 않은 여러분들은 5만 원 이상은 버신 겁니다. 그렇다면 그 돈을 어떻게 사용하실 건가요? 오늘 같은 날 쉽게 써 버릴 수도 있었던 돈을 차곡차곡 쌓아 묵직하게 불린다면 인생을 밝혀 주는 돈을 만들 수 있습니다. 이 보험은 5만 원부터 시작할 수 있습니다. 이런 게 진짜 재테크죠."

"요즘 기름 값이 상당히 올랐죠. 그런데 웬만한 사람들은 외출할 때 차를 끌고 나갑니다. 어디 기름 값만 나가겠습니까? 식사를 하거나 차를 마신다는 이유로 지갑을 열죠. 정말 집 밖으로 나가면 돈이 술술 나갑니다. 집에 있는 것이 돈을 버는 것입니다. 그렇게 돈을 벌었다면 복리로 불리세요. 이자소득세도 안 내도 됩니다. 5만 원부터 시작할 수 있으니 오늘 밖에 나가서 돈 썼다 치고 시작하세요."

"고급 식당에 가서 식사를 하면 먹을 땐 참 좋지만 계산할 때 어떤가요? 아깝게 느껴지지 않으세요? 음식 값도 비싼데 10% 부가세까지 붙으니! 이자소득세는 어떤가요? 15.4%죠. 아끼고 아껴서 돈을 불렸는데, 세금을 내야 한다면 잠이 오겠어요? 10% 부가세도 아까운데 말이에요. 그 돈도 붙잡아서 복리로 불리세요."

참 평범하기도 하고, 듣기에 따라서는 피식 웃음이 나올 법한 말이라는 생각이 든다. 그런데 이 말들이 효과가 있었다. 며칠 후에 후배가 나에게 다가오더니 이렇게 물었다.

후배 : 선배님, 주말에 방송한 저축보험 말이에요. 괜찮은 상품인가요?

필자 : 응? 아 그거. 많이는 아니고 조금씩 준비해 놓으면 두둑한 비상금 역할은 할 거야. 왜?

후배 : 방송 보고 상담 신청했거든요. 방송도 없고 해서 바람도 쐴 겸 가까운 곳이라도 다녀올까 했는데 마땅히 갈 곳이 없더라고요. 그래서 집에서 텔레비전 채널을 여기저기 돌리고 있는데, 선배님이 방송 중에 재미있는 말을 하시더라고요.

필자 : 내가 뭐라고 했지? 하도 이런저런 말을 많이 해서……

후배 : "오늘 같은 날 밖에 나가면 다 돈이다, 나가지 않는 게 돈 버는 거다, 밖에 나가서 돈 쓴 셈 치고 상품에 가입해서 돈을 불려라, 그게 나중에 복덩이가 된다."라고 하셨잖아요.

필자 : 그랬지. 그 말이 괜찮았니?

후배 : 네! '그래. 이런 날 나가 봐야 잠깐 즐겁고 말지 뭐. 밖에서 기분내면서 돈 쓰느니 조금 참고 목돈을 만들어 보는 것도 괜찮지.' 이런 생각이 들었어요.

필자 : 오호, 그래?

후배 : 빼앗긴 주말에 대한 보상 심리라고나 할까요? 좋은 주말을 그냥

흘려보내면 너무 아까울 것 같은데, 이럴 바에 뭔가 의미 있는 일을 해서 스스로를 위로해 주고 싶더라고요.

이날 방송은 목표를 120% 달성했다. 불과 며칠 전까지만 해도 반응이 좋지 않아 필자를 포함한 담당 PD, MD가 큰 걱정에 휩싸여 있었는데, 이런 결과가 나오니 어안이 벙벙했다. 그런데 시청자들은 이런 생각을 하고 있었다니! 소가 뒷걸음치다 쥐 밟은 격이었다. 필자는 생각지 않은 곳에서 귀중한 포인트를 얻을 수 있었다.

방송 중에 무조건 복리만을 외쳤다며 이런 결과가 나오지 않았을 것이다. 장점을 이야기하기 전에 이 상황에 왜 이런 이야기를 하는지 조금이나마 공감시킬 수 있다면, 그 무엇보다 더 강한 위력을 발휘할 수 있다.

전문직에 종사하는 사람일수록 고등어를 많이 먹어야 한다. 왜? 고등어에는 DHA가 많으니까. 그런데 전문직에 종사하는 사람에게만 DHA가 필요할까? 그렇지 않다. 공부하는 학생도, 연세가 많으신 어르신도, 스트레스를 많이 받는 직장인도 먹어야 한다. 모두 머리를 쓰는 것은 마찬가지이니까.

결국 남녀노소 고등어를 먹어야 하지만 먹어야 하는 이유는 각각 다르다. 그래서 결론은 같아도 다른 이유, '왜?'만 잘 찾으면 공감을 이끌어 낼 수 있고, 깜깜한 밤에도 돈을 줍는 횡재를 경험할 수 있다. 아주 작은 이유 하나면 된다. 상대방은 이유의 가치를 생각하기 전에 미처 깨닫지 못했던 그 이유에 큰 의미를 부여하니까.

야구에서 상황을 급반전시킬 수 있는 방법을 알고 있는가? 홈런? 연속 삼진? 파인 플레이? 아니다. 유명한 프로야구 심판이 어느 신문사와의 인터뷰에서 밝힌 이야기인데, 투 스트라이크 쓰리 볼일 때 스트라이크라고 생각한 공을 볼이라고 판정해 버리면 그때부터 투수는 물론, 수비하는 팀이 무너지기 시작하고, 상황이 역전되어 최종 승부가 대부분 뒤집힌다고 한다.

인간의 마음은 야구보다 더 예민하다. 그래서 거창한 결심이라 해도 거창한 이유에서부터 출발하지 않는다. 아주 사소한 것부터 시작해서 거창해지는 것이다. ==공감을 얻고 싶다면 아주 사소한 것부터 찾아라. 시작은 미미하지만 그 끝은 사뭇 다른 결과를 가져다줄 것이다.==

일상에서 찾아낸 소소한 이유 '왜?'로 대박을 낸 사례가 또 있다. 이번에는 새벽 6시 생방송에서 저축보험을 판매해야 했다. 이 상품의 주요 타깃은 30대였다. 이번 역시 쉽지 않았다. 대한민국에서 가장 바쁜 연령대의 사람들이 새벽 6시에 편안하게 텔레비전을 시청할 리 없을 뿐 아니라 대부분의 사람이 잠에 취해 있을 시간이었다. 또한 방송, 신문 등에서 연일 '물가 폭탄', '전세 대란', '휘발유 값 고공 행진' 등 서민들의 지갑을 바싹 말리는 뉴스가 쏟아져 나오고 있었다. 생활을 유지해 나가는 것도 부담스러운데 저축을 하라고 설득해야 하다니! 시청자들에게 어떤 말을 해야 할지 참 막막했다. 그래도 피할 수 없었다. 무엇이 됐든 사람들이 마음 편하게 저축할 수 있는 구실을 만들어 주어야 했다.

"통계청 발표에 따르면 우리나라 한 가구당 식사비가 월 60만 원이 넘는다고 합니다. 그런데 그중에서 외식비가 얼마인 줄 아시나요? 28만 원이나 됩니다. 월 식사비 중 반을 외식비로 사용하고 있어요. 그렇다고 외식을 하지 않고 살 순 없죠. 하지만 월 28만 원을 18만 원으로 줄일 순 있잖아요? 월급 5만 원 늘려서 그 돈으로 저축하는 게 아니라, 지금 사용하고 있는 돈을 활용하면 5만 원이 아니라 10만 원의 저축도 가능합니다."

"커피 전문점에서 파는 아메리카노 한 잔이 3,000원에서 4,000원 정도 합니다. 그런데 아메리카노의 원가가 얼마인 줄 아시나요? 국세청에서 발표한 내용인데요. 123원이라고 합니다. 세상에! 지금까지 123원짜리 아메리카노를 4,000원이나 주고 사 먹고 있었어요. 너무 아깝지 않나요? 일주일에 한두 번쯤 커피를 안 마실 수 있잖아요. 그 돈을 아껴서 저축을 하는 것은 어떨까요? 그리 어려운 일이 아니지 않나요?"

==일반적으로 사람들이 규정하는 객관적인 생각을 깨고 새롭게 접근하니 의외의 결과가 나왔다.== 저축이 여윳돈으로 할 수 있는 것이라는 관념을 깨고 ==미처 깨닫지 못한 이야기로 새로운 방법을 제시하니 의외로 공감대를 형성할 수 있었다.== 몇 달 전, 같은 시간에 방송을 했을 때보다 정확하게 3.5배 더 많은 상담 예약 전화가 걸려 왔다.

성공담을 자랑하려는 것이 아니다. 도저히 답이 나오지 않는 상황에서 답을 찾아야 하는 경험을 해 본 적이 있을 것이다. '불황 타개책'이니 '매출 활성화 방안'이니 하는 것들을 생각해 보라. 절로 머리가 지끈거리지 않는가. 필자 역시 이런 것들 때문에 하얗게 된 머리카락이 한둘이 아니다. 필자는 모든 상황에 척척 답을 내놓을 수 있는 인재도 못 된다. 그걸 할 수 있다면 나는 스티브 잡스나 빌 게이츠를 라이벌로 생각하고 있을 것이다. 지금도 필자는 여전히 '어떻게 하면 돌파구를 찾을 수 있을까?'를 고민하는 평범한 사람이다. 그러니 당신 역시 조금만 더 생각하면 얼마든지 좋은 결과를 만들어 낼 수 있다.

상대방이 나로 인해 즐거운 상상을 할 수 있다면, 아름다운 결과를 그릴 수 있다면 그것은 최상의 커뮤니케이션을 하고 있다는 증거이다. ==처음부터 거창하게 생각하지 말고 생활의 사소한 경험들을 찬찬히 살피고, 그 안에서 아주 작은 것일지라도 구실을 찾으려는 노력을 해 보라.==

알고 보면 그리 대단한 것도 아니다. 아주 작은 습관 하나만 만들면 된다. 작은 이유, 사소한 구실도 그냥 넘어가지 말고 내가 하고자 하는 이야기와 연결시켜 보라. 얼마든지 상대방의 머리와 가슴에 진동이 울리는 커뮤니케이션 기술을 구사할 수 있을 것이다. 당신의 한마디 한마디가 여과 없이 상대방의 가슴과 머리에 깊숙하게 박힐 것이다.

TIP 쑥쑥 흡수되는 스토리 재료 4

1. 사람의 마음은 예민하다. 예민을 넘어서 소심하기까지 하다. 흡연자가 담배를 끊는 이유는 폐암 같은 병이 무서워서가 아니라 몇백 원의 인상 때문에 마음이 상해서이기도 하다.

2. 생활의 사소한 경험들을 천천히 살피고, 그 안에서 아주 작을지라도 구실을 찾아라. 결론은 같아도 다른 이유 '왜?'만 잘 찾으면 공감을 이끌어 낼 수 있다.

3. 왜 이 상황에 이런 이야기를 하는지 상대방을 공감시킬 수 있다면 강한 위력을 발휘할 수 있다. 그 하찮은 이유가 먹힌다면 상대방은 저절로 움직인다.

source 5

# 바로 '지금'을 이야기하라

　정수기를 판매한 적이 있다. 장마 기간 내내 주문전화가 잠잠하더니 장마가 끝나고 불볕더위가 시작되자마자 주문전화가 빗발쳤다. 왜 그런 것일까? 소비자들이 지금 당장 불편함을 느끼기 때문이다. 에어컨 역시 마찬가지이다. 봄은 물론 여름이라도 비가 한창 내릴 때에는 결재 후 일주일이면 설치가 가능한 반면 삼복더위가 시작되면 예약 불능 상태가 된다. 지금 당장 혹독한 날씨를 견디는 것이 힘들어 여기저기에서 에어컨을 주문하기 때문이다. 이뿐만이 아니다. 많은 사람이 늦봄까지 '다이어트를 해야겠다'고 생각만 하고 있다가 여름휴가 기간이 정해지면 부랴부랴 운동을 시작하고 굶으며 살을 뺀다. 왜 그런 것일까? 이 역시 지금 당장 나의 현실이 만족스럽지 못하기 때문이다.

　그렇다면 이러한 사람들의 심리를 생각하여 커뮤니케이션을 하면 어떨까? 엄청난 효과가 발생하지 않을까? 자, 답은 나왔다.

'현재를 이야기하라.'

바로 이거다. 인간은 미래보다 현재를 최우선으로 걱정한다. 물론 의식적으로는 미래를 걱정하지만 인간 행동의 진짜 원동력인 무의식은 오직 현재만을 걱정한다고 한다. 무의식이 아무런 걱정이 없어야 의식이 작동하기 때문이다.

사람은 하루에 5~6만 가지 생각을 자동적으로, 쉴 새 없이 떠올리는데, 그중 80%가 부정적인 생각이라고 한다. 따라서 "지금 무슨 생각해?"라는 질문에 "아무 생각 없이 있어."라고 답하는 것은 거짓말인 셈이다.

지금 당장 떠오르는 생각들을 정리하기에도 벅차기 때문에 우리에게는 내일의 이야기를 생각하고 준비할 겨를이 없다. 어제의 불편은 추억으로 치부할 수 있고, 내일의 불편은 생각할 여유가 없다. 하지만 현실의 불편은 고통이다. 이것을 해결하지 않고서는 내가 세상에서 가장 불행한 사람인 것 같은 착각에 빠진다. 그래서 지금의 고통과 문제를 해결해 준다는 메시지를 접하면 누구든지 마음을 열 수밖에 없다.

"머리카락이 자꾸 빠지면 하늘이 무너지는 것 같죠. 세상은 바꾸지 못해도 내 모발만큼은 건강하고 젊게 바꿀 수 있어야 하지 않을까요? 그래서 우리에게는 남다른 샴푸가 필요합니다."

"신문에서 '은행에 속았다', '예금자들 분통'이라는 문구를 보면 힘이 쭉 빠지지 않습니까? 어디 불안해서 은행에 돈을 맡기겠어요? 자, 이제 그 불안감을 ○○화재가 해결해 드리겠습니다."

위 두 개의 코멘트는 상품도 다르고 내용도 다르지만 공통점이 있다. 바로 현재의 불편함을 호소했다는 것이다. 이렇게 현재의 거북함을 이야기하

==면 누구에게나 공감을 얻을 수 있다. 여기에 문제점을 해결할 수 있는 방법을 함께 거론하면 상대방은 더욱더 귀를 기울인다.== 지금 당장 그 문제를 풀 수 있는 해답을 얻을 수 있다는 기대 심리 때문이다.

다음 사례를 살펴보자. 한 홈쇼핑에서 신문의 기획 기사를 인용하여 시청자의 이목을 집중시키려 노력했지만 허사로 그쳤다.

"'누구나 100세까지 살면 그것은 축복이 아니라 재앙이다.' 실제로 10명 중 4명이 이렇게 대답했다고 하네요. 이 말을 어떻게 생각하시나요? 저도 100세가 썩 반갑지만은 않습니다. 재앙이라고 말한 가장 결정적인 이유는 '돈' 때문이었습니다. 어떻게 보면 재테크는 선택이 아니라 필수입니다."

이 말을 내뱉은 쇼호스트는 시청자들의 반응을 내심 기대했을 것이다. 하지만 반응은 무덤덤했다. 왜 그런 것일까? 이유는 간단하다. 문제가 심각한 것은 잘 알겠지만 지금 당장 나에게 닥친 문제가 아니라는 생각이 들기 때문이다. 그러니 관심이 가지 않는 것이다.

사람은 무슨 문제가 발생하면 재빨리 해결되기를 바란다. 곧바로 해결할 수 있는 문제가 아니면 일단 그 일은 뒷전으로 밀리고, 결국 기억에서 사라지게 된다. 의식을 지배하는 무의식은 우리에게 즉흥적인 사고와 행동을 견고하게 쌓게 해서 '한 번 더'를 요구하는 사고를 자동적으로 차단시켜 버리기 때문이다.

- 15+16
- 15×16

누군가에게 위의 질문을 받았다고 생각해 보라. 후자 쪽의 질문에 잠시 당황하지 않았는가? 답을 찾기 위해서 적잖은 노력을 해야 하기 때문이다.

이렇게 현재의 불편함이나 고통을 호소해 뜻밖의 히트를 기록한 상품이 있다. 간략히 소개하도록 하겠다.

홈쇼핑 방송 중에 한 실험 결과를 화면에 내보냈다. 내용은 이러하다. 두 개의 비커에 각각 라면을 집어넣고 한쪽에는 물을, 다른 한쪽에는 무언가를 넣은 뒤 세 시간을 기다렸다. 그리고 수저로 저어 보았다. 물과 라면만 들어 있는 비커에는 면만 불었을 뿐 아무런 변화가 일어나지 않았다. 하지만 라면에 무언가를 첨가한 비커를 저어 보니 신기하게도 면이 분해되었다. 라면 외에 삼겹살, 돈가스, 햄버거 등을 넣고 실험을 해 봐도 똑같은 결과가 나왔다.

돌도 씹어서 삼킨다는 20대 때는 밤늦게 라면이나 삼겹살 등을 먹어도 다음날 컨디션에 거의 영향이 없다. 웬만해서는 얼굴도 붓지 않는다. 하지만 30대만 되어도 이런 음식들은 소화가 잘 되지 않는다. 그로 인해 하루 종일 명치에 무언가 뭉쳐 있는 듯한 고통이 따른다. 그래서 나이가 들수록 가급적이면 라면이나 돈가스, 햄버거 등의 음식을 기피하게 된다.

그렇다면 비커에 대체 무엇을 넣었기에 그 뻑뻑한 음식들이 자연스럽게 분해가 된 것일까? 일단 소화가 잘 되지 않는 음식을 가지고 실험을 하는 것을 본 순간부터 많은 시청자가 시선을 집중할 수밖에 없다. 지금 당장 내가, 내 가족이 겪고 있는 불편함에 대해 소개되고 있는데 어찌 관심이 가지 않겠는가.

나이가 들면서 나타나는 자연스러운 현상인 줄 알았는데 원인이 따로 있단다! 곧 있으면 그 문제를 해결할 방법을 눈으로 확인할 수 있다! 그렇다면 그 위대한 해결책은 무엇이었을까? 바로 '효소'였다.

"나이가 들면 몸 안의 효소가 점점 줄어들고 결국에는 소화뿐 아니라 신진대사 속도도 느려집니다. 그러면서 노화는 더 빨리 찾아오죠. 원활한 신진대사를 위해서, 늙는 것을 막기 위해서 우리에게 필요한 것은 바로 효소입니다. 지금 당장 주문하세요. 눈으로 확인하지 않으셨습니까. 물만 먹어도 살이 찌는 것 같다고요? 몸에 효소가 부족하기 때문입니다. 우리 몸이 말하고 있습니다. 서둘러 효소를 충전해 달라고. 효소는 지금 이 순간에도 계속해서 줄어들고 있습니다. 내일이면 더 줄어들 것이고요. 그렇게 여러분은 늙게 되는 것입니다."

여러 홈쇼핑 회사에서 각각 다른 브랜드의 효소 상품을 내세워 하루가 멀다 하고 경쟁적으로 방송을 하는데, ==특정 홈쇼핑이 훌륭한 매출을 기록하는 원인은 당장의 불편함을 눈으로 직접 확인시켜 주고, 동시에 해결책을 제시했다는 데 있다.== 각종 건강식품이 내일을 위한 투자라는 콘셉트의 메시지를 제시하며 신통치 않은 결과를 얻었다면, 효소는 어떤 기능이나 효과가 있는 건강식품이 아님에도 불구하고 '지금의 고통과 불편'을 해결할 수 있다는 메시지를 제시하면서 공전의 히트를 기록했다.

여기에 '나이가 들면 효소가 줄어든다'는 메시지도 한몫했다. 손실을 두려워하는 심리를 자극하면서 '노화'라는 어렵고 두려운 문제를 아주 쉽게 해결할 수 있을 것 같은 위안을 주었기 때문이다.

'문제는 경제야, 이 바보야(It's the economy, stupid).'

이 말을 들어본 적이 있는가. 이는 1992년 미국 대선에서 넓게 쓰인 어구로, 이 덕분에 빌 클린턴은 당시 현직 대통령인 조지 허버트 워커 부시를 누르고 승리를 따낼 수 있었다. 이 역시 따지고 보면 현재의 문제를, 모두가 고통스럽고 불편해하는 문제를 직접적으로 언급하면서 국민들로부터 큰 호응을 얻은 것이 아닌가 싶다.

==무엇보다 지금 현재 무엇이 우리를 힘들게 하고 불편하게 하는지 간파해야 한다.== 해결책을 제시할 수 있다면 최상이겠지만 지금의 불편을 함께 이야기할 수 있는 경지만 되어도 '고수', '커뮤니케이션 유단자'의 단계에 오를 수 있다. 결국 '지금의 고통'에 답이 있다.

> **TIP** 쑥쑥 흡수되는 스토리 재료 **5**
>
> 1. 사람은 하루에 5~6만 가지 생각을 자동적으로, 쉴 새 없이 떠올린다. 그로 인해 대부분의 사람은 내일을 생각할 여유를 가지지 못한다.
>
> 2. 현재의 불편함을 호소하면 누구에게나 공감을 얻을 수 있다.
>
> 3. 대부분의 사람은 빠르고 즉흥적인 해결 방법을 원한다. 바로 지금의 고통과 불편이 무엇인지 이야기하라. 해결할 방법까지 제시하면 최상이겠지만 그렇지 못한다 해도 걱정하지 말라. 최소한 공감을 이끌어 낼 수 있으니.

source 6
나만의 비하인드 스토리를 활용하라

생모는 미혼모, 입양아, 대학 중퇴자, 외톨이, 채식주의자, 시시콜콜한 참견자, 자기중심적인 완벽주의자, 편집광, 짧은 머리, 텁수룩한 수염, 블랙 하프 터틀넥 상의, 헐렁한 청바지, 흰 운동화, 엘리베이터에서 직원에게 질문을 던지고 대답을 하지 못하면 해고해 버리는 냉정한 CEO, 10년에 2조 원을 탕진한 남자, 자신의 자식을 부정한 사람…….

지금은 고인이 된 '스티브 잡스'를 표현하는 수식어이다. 잘 알려진 것도, 잘 알려지지 않은 것도 있다. 사실 스티브 잡스가 아니라 우리 주위에 있는 직장 동료나 선후배를 수식하는 말이었다면 그 사람은 분명 왕따를 당했을 것이다. 그런데 이런 캐릭터마저 범상치 않아 보이고 심지어 위대해 보이기까지 한 것은 무슨 이유 때문일까? 또한 그와 관련한 모든 것이 지극히 개인적인 일화를 넘어 전설처럼 사람들의 뇌리에 각인된 이유는 무엇일까?

결론부터 이야기하면, 그의 혁신적인 제품을 통해 알 수 있듯이 스티브 잡스는 천재적인 아이디어를 가지고 있었을 뿐 아니라 자신이 만든 제품을 마케팅하기 위해 엄청난 역량을 발휘했다. 무엇보다 그는 '스토리', '일화', '에피소드'의 중요성을 간파했다. 이렇게 평가받는 이유는 그와 관련한 대부분의 일화가 신기하게도 하나의 스토리가 되어 전래동화에 나오는 영웅의 모습으로 발전하는 경우가 많기 때문이다.

그가 이른바 '스토리 마케팅'의 위력을 알고 있었는지(분명히 알고 있었다고 판단하지만), 아니면 그를 취재하고 인터뷰한 사람들이 본의 아니게 스스로 스피커 역할을 해서 이것이 광고 아닌 광고 역할을 했는지는 확실히 잘 모르지만, 어쨌든 그가 늘 주창한 'Think Different!'는 그에 대한 모든 스토리에 적용되어 그 어떤 광고보다 막강한 영향력을 행사했다.(심지어 'Think Differently!'가 문법적으로 맞는데도 우리는 아무런 의심 없이 그에 관한 모든 것을 받아들이고 있다.)

'스티브 잡스' 하면 무엇이 떠오르는가? 누군가는 '아이폰'을, 누군가는 '아이패드'를 떠올릴 것이다. 또 어떤 사람은 '뉴턴의 사과'를 언급할 수도 있다. 그런데 아이폰과 아이패드, 뉴턴의 사과 못지않게 '스티브 잡스' 하면 거론되는 것이 있다. 바로 '프레젠테이션'이다. 그의 프레젠테이션 기술이 소개된 책이 국내에도 여러 권 출간되어 있을 정도이다.

'스티브 잡스의 프레젠테이션'을 이야기할 때는 '수백 번의 리허설', '디테일한 확인 작업' 등이 거론된다. 실제로 그의 프레젠테이션에 대해 이야기하고 있는 책을 읽어 보면 그는 만족할 때까지 수백, 수천 번의 연습을 한 것은 기본이고, 조명의 위치나 타이밍, 손동작, 걸음걸이, 보폭, 발걸음 수까지 계산하며 집착에 가까울 정도로 프레젠테이션을 준비했다고 한다. 그가 직접 프레젠테이션하는 것을 보지 않았다 해도 이러한 사실을 접한 많은 사람이 감동 이상의 감명을 받는다.

"CEO가 직접 나서서 제품을 발표하네. 역시 스티브 잡스야."
"혁신적인 제품을 만들고 완벽하게 홍보하기까지 엄청난 연습 과정을 거치는 구나. 청바지에 터틀넥 셔츠 차림의 검소한 모습도 너무 멋져."

이처럼 그에 대한 호감이나 애플 제품에 대한 호감을 넘어 존경심을 가슴속에 품고 있는 사람도 상당히 많다.

재미있는 것은 그 어떤 책이나 인터뷰 등에서 스티브 잡스의 프레젠테이션 연습 장면을 목격했다고 말하는 사람이 없다는 것이다. 물론 신제품 출시 프레젠테이션 준비는 극비리에 진행되긴 하겠지만 그에 대해 이야기하고 있는 책에서도 '○○을 했다고 한다'로 끝을 맺는 경우가 대부분이다.

물론 신제품을 출시하고 대중 앞에서 프레젠테이션할 때 그 준비 과정은 만만치 않았을 것이다. 이는 어느 회사나, 어느 개인이나 마찬가지이다. 여기서는 그가 몇 차례 연습을 했는지가 중요한 것이 아니다. 여기에 우리가 미처 알지 못했던 설득의 비밀이 숨어 있다는 것이 중요하다.

리처드 와이즈먼의 저서 《59초》를 보면 우리가 개인적인 혹은 지극히 사소해 보이는 이야기들을 얼마나 선호하는지 잘 알 수 있다.

기부와 관련한 연구 결과가 있다. 이 연구에 의하면 실험 참여자 중 반에게는 아프리카 잠비아에서 기아에 직면한 주민들에 대한 통계 자료를 보여 주었고, 나머지 반에게는 일곱 살짜리 소녀가 겪는 고생담을 들려주었다. 그 결과, 통계 자료를 본 사람보다 소녀의 이야기를 들은 사람이 두 배나 많이 기부를 했다. 불합리해 보이지만, 사람들의 마음은 집단보다 개인적인 이야기에 더 많이 움직인다.

스티브 잡스에 대한 호감 때문에 애플의 제품이 좋은 것인지, 애플의 제품이 너무나 혁신적이어서 스티브 잡스에게도 관심이 가는 것인지는 잘 모르겠지만, 어쨌든 그의 프레젠테이션 준비 과정은 지극히 당연하다. 하지만 그 안에 담긴 개인적인 이야기는 또 하나의 스토리가 되어 전설로 승격되었다. 결국 그 전설을 접한 우리는 그를 더 위대하게 생각하게 되는 것이다. 이 과정까지 <mark>결정적인 역할을 한 주인공은</mark> 바로 '<mark>그만의 비하인드 스토리</mark>'였다. <mark>이 점을 결코 간과해서는 안 된다.</mark>

이 정도까지 온다면, 다시 말해 어떤 제품이나 브랜드에 호감을 넘어서 존경 수준까지 간다면 스티브 잡스가 더 이상 존재하지 않는다 해도 소비자들은 결코 다른 회사에 시선을 돌리는 행동을 하지 않을 것이다. 그가 혁신적인 아이디어로 사람들의 호감을 사는 제품을 만든 것이 훌륭한 업적이라면, 자신만의 스토리를 만들어서 그 이야기들이 기자의 펜을 통해, 다른 유명 인사들의 입을 통해 퍼지게 한 것 또한 그가 이루어 놓은 위대한 업적이라고 할 수 있다.

<mark>대부분의 사람은 어떤 통계나 수치 등 공식적인 통계로 사건이나 상황의 본질을 파악하는 것보다 그와 관련한 재미있는 스토리나 비유 등을 통해서 접근하고 이해하는 것을 좋아한다.</mark> 공적인 이야기보다 사적인 이야기에 집중하고 열광하고 좀 더 오래 기억한다는 말이다.

나의 프레젠테이션이, 나의 발표가 나만의 비하인드 스토리를 담고 있는지 생각해 보라. 본격적인 발표를 하기 전에 작은 것일지라도 자신의 이야기를 해 보라. 이 발표를 위해 한 달 동안 주말을 반납한 이야기, 이 발표로 인해 여자친구 혹은 남자친구와 거리가 멀어졌다는 이야기 등을 꺼내면 분위기가 유연해지는 것은 물론 그 다음부터 사람들이 당신의 말에 더욱 집중하게 될 것이다.

그리고 본격적인 발표 중에 아주 중요한 포인트가 있다면 곧바로 그것에 대해 이야기하지 말고 잠시 뜸을 들이는 것이 좋다. 그 포인트가 나오기까지 어려웠던 과정 혹은 극적인 이야기를 곁들이면 효과는 배가된다. 이것만으로도 남들과 다른 평가를 받을 수 있다. 이때의 일화가 또 다른 스토리가 되어 나를 알릴 수 있는 좋은 무기, 내가 만들어 낸 전설 아닌 전설이 될 수 있다. 스티브 잡스가 바로 명확한 증거이다.

스티브 잡스는 저 멀리 떠났지만 그의 유산들은 아직도 전 세계를 누비고 있다. 여전히 많은 사람이 그가 이루어 낸 것을 바탕으로 확대 재생산하고 있기 때문이다. 저비용 고효율의 커뮤니케이션! 최고 수준의 신진대사율을 자랑하는 커뮤니케이션 비법은 그가 만들어 낸 그 어떤 작품보다 위대하고 또 위대하다.

> **TIP** 쑥쑥 흡수되는 스토리 재료 **6**
>
> 1. 대부분의 사람은 어떤 통계나 수치 등 공식적인 통계로 사건이나 상황의 본질을 파악하는 것보다 그와 관련한 재미있는 스토리나 비유 등을 통해 접근하고 이해하는 것을 좋아한다.
>
> 2. 저비용 고효율의 커뮤니케이션 비법은 사적인 이야기에 있다.
>
> 3. 주위에 남의 이야기를 좋아하는 사람이 있다면 최상의 조건이다. 그에게 비밀스럽게 당신의 사사로운 이야기를 전달하라.("나 야근 때문에 집에서 쫓겨날 뻔했잖아.", "그 일 때문에 며칠 집에 못 갔더니 아이가 날 못 알아봤어.") 상대방은 내 말에 공감하며 집중하게 될 것이다.

STEP 2

불순물 배출

커뮤니케이션을 방해하는
불순물을 배출하라

STORY

피로 물질의 장벽을
허물지 못하면
불편한 커뮤니케이션만
남는다

　심리학자 윌리엄 제임스(William James)에 따르면, A와 B 두 사람이 대화를 나누면 실제로는 여섯 명의 사람이 대화에 참여하는 것과 다름없다고 한다. A 입장에서 보면 스스로 생각하는 A라는 사람, 상대방 B가 생각하고 판단하는 A라는 사람 그리고 실질적인 본래 모습의 A라는 사람이 있다는 것이다. B 역시 마찬가지로 동시에 세 사람이 존재한다. 따라서 겉으로 보기에는 두 사람의 대화이고, 커뮤니케이션이 원활하게 진행되는 것처럼 보이지만 두 사람의 생각을 들여다보면 상황은 매우 복잡하다.

　상황이 이러하니 대화는 두 사람이 원하는 방향과 전혀 다른 쪽으로 흘러갈 가능성이 크다. 대화를 방해하는 독소와 불순물들이 수시로 출몰하여 커뮤니케이션을 방해할 것이다. 여섯 명의 사람이 대화에 소리 없이, 끊임없이 참견하는 꼴이다. 사공이 많으니 배는 바다가 아닌 산으로 향할 수밖에.

　대화나 커뮤니케이션을 방해하는 요소는 이뿐만이 아니다. 일반적으로

두 사람이 대화를 할 때 한 사람이 100개 정도의 단어를 사용한다고 하면 그 말을 듣고 있는 사람의 뇌에는 100개의 단어와 관련된 300개의 단어에 대해 온갖 생각이 떠오른다고 한다. 앞에서 열심히 말하는 사람에게 집중하기는커녕 내 머릿속을 정리하느라 바쁘다는 말이다.

상대방이 무언가에 대해서 이야기할 때 그 이야기를 풍성하게 만들어 줄 만한 것들이 떠오르면 얼마나 좋을까. 하지만 사람의 뇌는 이상한 쪽으로만 발전했는지, 아니면 우리 모두 악한 마음을 가지고 태어났는지 자꾸 반론을 제기하거나 상대방의 가치관을 나의 생각에 맞게 고치려고 하는 방향으로 생각을 하게 된다. 그로 인해 대화는 이런 피로 물질의 장벽을 극복하지 못하고 불편한 커뮤니케이션만 남게 된다.

커뮤니케이션을 방해하는 불순물들은 우리 스스로가 만들어 내기도 한다. 《가끔은 제정신》을 집필한 허태균은 인간이 가지고 있는 착각 중에서 '비현실성 낙관성(Unrealistic optimism)'과 '평균 이상 착각(Better than average)'을 지적했다.

비현실성 낙관성은 인간이 자신에게 좋은 일은 실제 일어날 확률보다 더 자주 일어날 것이라 믿고, 나쁜 일은 덜 일어날 것이라 믿는 착각을 의미한다. 또한 평균 이상 착각은 자신이 긍정적인 점에서는 무조건 평균 이상이라고 생각하는 착각이다. 다시 말해서 '나는 유머, 논리적 사고, 문법, 스피치 능력, 업무 처리 등 다양한 영역에서 내 또래 평균보다 월등해. 그리고 성격 지능도 국민 평균보다 높을 거야.'라는 심각한 착각을 하는 것이다. 더 심각한 것은 대부분의 사람이 이런 착각 속에서 헤어나지 못하고 있다는 점이다.

그렇다면 이 두 착각으로 인해 생기는 커뮤니케이션의 문제점은 무엇일까? 한마디로 정리하면 이렇다.

"네가 말을 하기 전에 내 말을 먼저 듣는 게 좋아. 내가 너보다 조금은 더 뛰어나거든."

'내가 하는 일은 대부분 남들보다 잘 되는 편이고, 나는 웬만한 사람보다 성격이나 가치관, 판단력이 앞서 있어.'라고 생각하는 사람에게 무슨 말을 한들 그 말이 제대로 귀에 들어가겠는가.

이는 소통을 심각하게 방해하는 엄청나게 독한 농도의 불순물임이 틀림없다. 대부분의 사람이 이런 착각 속에서 살고 있으니 대화가 어렵고 의사소통이 힘든 것은 당연하다. 인류 역사 이래로 어떤 시대든, 어떤 나라든 소통이 잘 되어서 태평성대를 이루었다는 이야기를 들어본 적이 없다. 반대로 불통으로 갈등, 반목, 폭력과 전쟁이 일어난 역사를 수도 없이 확인할 수 있고, 지금도 그러한 문제점들이 끊임없이 반복되고 있다.

이 밖에도 커뮤니케이션을 방해하는 요소로는 언어적인 것 외에 비언어 랭귀지, 즉 표정, 말투, 몸짓 등을 꼽을 수 있다. 이런 요소들은 아주 사소한 변화이지만 엄청난 파급 효과를 불러일으킬 정도의 힘을 지니고 있다.

이렇게 커뮤니케이션을 방해하는 요소는 일차적으로 착각 속에 빠져 있는 '나'와 나와 똑같은 착각에 빠져 있는 '상대방'에게도 있다. 그리고 입 밖으로 나오지는 않았지만, 나와 상대방의 보디랭귀지에도 아주 작게나마 책임과 불통의 원인이 있다.

이번 장에서는 상대방에게 무엇을 들려주고 보여 주어야 커뮤니케이션의 독소와 불순물들을 제거하고 성공적인 소통을 할 수 있는지에 대해 언급하려고 한다.

페이지를 넘기기 전에 반드시 알아야 할 것이 있다. 그것은 바로 내 앞의 상대가 누구든 나의 말을 처음부터 끝까지 집중해서 듣는 성인군자 같은 사람은 없다는 것이다. 상대방의 두뇌는 다른 생각, 즉 나의 말을 막거나 나의 말에 반론을 제기하거나 나의 단점을 지적하거나 나에게 뭔가를 가르치기 위해 쉬지 않고 끊임없이 돌아간다. 인간인 이상 그럴 수밖에 없다. 이 점을 분명히 기억한다면 좀 더 겸손한 자세로 스스로를 가다듬을 수 있을 것이다. 기본적으로 이런 자세를 견고하게 유지할 수 있다면 어떤 커뮤니케이션 상황에서든지 본인이 원하는 모습을 상대방에게 전달할 수 있을 것이라 확신한다.

source 1

나를 먼저 보여주어
교감을 확장시켜라

사마광의 《자치통감》에 나오는 이야기이다.

전쟁에 참여한 한 병사가 적이 쏜 독화살에 다리를 맞고 말았다. '이렇게 죽는구나.'라고 생각하고 있는 병사에게 한 장군이 다가와 다리에 입을 대고 독을 빨아내 주었다. 장군의 희생 덕분에 병사가 살아난 이 훈훈한 이야기는 사람들의 입과 입을 타고 어느덧 병사의 어머니에게까지 전해졌다.

그런데 어머니는 이 감동적인 이야기를 듣고는 그 자리에 주저앉아 "내 아들은 이제 죽었다."라며 대성통곡했다. 어머니의 반응에 어리둥절해진 마을 사람들은 아들이 죽을 고비를 넘겼는데, 웬 죽음 타령이냐며 어머니를 달랬다. 하지만 어머니는 계속해서 눈물을 흘리며 이렇게 말했다.

"모르는 소리 마세요. 내 아들은 이제 곧 죽습니다. 불쌍한 내 아들!"

며칠 후, 아들은 정말 다음 전쟁터에서 죽고 말았다. 그것도 전투가 시작되자마자 전열의 가장 선두에서.

　전혀 생각지도 않았는데 누군가에게 뜻밖의 호의를 받았거나 은혜를 입으면 마음에 동요가 일어난다. 아무런 이해관계가 없는 사람일 경우에는 더욱더 그러하다. 두 사람의 평행한 심리 관계가 한순간에 무너지고, 무언가를 받은 사람은 마음의 불균형 상태를 다시 균형 상태로 유지하기 위해 본인도 모르게 더 노력하게 된다.
　《자치통감》에 등장하는 병사도 생각지 않게 장군에게 은혜를 입었고, 그 순간부터 장군을 존경하며 그를 위해 무엇이든 해야겠다는 생각을 했을 것이다. 그가 무언가를 해야만 불편한 불균형 상태의 마음을 균형 상태로 바꿔 놓을 수 있을 테니 말이다. 인생 경험이 많은 어머니는 단숨에 그 이야기의 숨은 의미를 알고 땅을 치고 통곡한 것이다.
　개업한 식당에서 손님들에게 나누어 주는 전화번호가 적힌 병따개, 고객을 만날 때마다 작은 선물을 주는 보험 영업자, 할인 쿠폰을 먼저 제공하는 인터넷 쇼핑몰, 시식을 권하는 마트의 식음료 코너……. 이런 것들은 고객의 마음에 불균형을 일으키려는 노력 중 하나이다. 물론 이러한 소통 방식도 아주 훌륭하다. 그런데 여기에서 필자가 말하고 싶은 것은 더 강한 공감을 일으키고 신뢰를 얻을 수 있는 소통에 대해서이다.
　혹시 '오프라화(Oprahfication)'라는 말을 들어본 적 있는가? 전 세계에서 영향력 있는 여성 중 한 명으로 꼽히는 오프라 윈프리의 대화 기법을 두고 하는 말이다. 그녀는 자신의 쇼 '오프라 윈프리 쇼'에서 게스트의 이야기를 끌어내고 무언가를 알아내려는 노력을 하는 것이 아니라 돈, 사랑, 체중 증가, 아픔, 질병 등 대부분의 사람이 감추고 싶어 하는 자신의 어두운 면을 게스트와 청중들에게 들려주었다. MC로부터 말하기는커녕 감추고 싶은 이야기를 전해 들은 게스트는 감동을 받고 자신 역시 솔직한 이야기를 털어

놓았다. 성공에 성공을 거듭한 '오프라 윈프리 쇼'의 가장 큰 원동력이자 밑거름은 그녀만의 거침없는 자기 고백에 있었다.

누군가에게 갑자기 선물을 받아 당황한 경험이 있을 것이다. 그러한 상황이 되면 선물을 준 사람에게 고마움을 넘어 강한 신뢰와 호감을 느끼게 된다. ==그런데 눈에 보이는 물건보다 눈에 보이지 않은 자기 고백이 더욱더 강력한 힘을 발휘한다.== 필자 역시 '자기 고백'의 위력을 온몸으로 확인한 적이 있다.

한 대학교에서 스피치 커뮤니케이션 강의를 맡게 되었다. 강의 첫날, 필자는 늘 그래 왔던 것처럼 학생들에게 '지금까지 살면서 가장 슬펐던 일'을 주제로 발표할 것을 주문했다. 첫 수업이라 다른 강의에서처럼 간단하게 자기소개를 한 뒤 수업에 대한 워밍업을 할 것이라 생각한 학생들은 조금 당황스러워 했다. 더구나 서로에 대해 잘 알지 못하는 상황에서 자신의 이야기를 하라고 하니 난감했을 것이다. 하지만 필자는 자기 고백이 일으키는 소통의 힘을 굳게 믿고 있었기 때문에 난감해하는 학생들에게 생각할 시간을 주고, 누군가가 자리에서 일어나 발표하기를 기다렸다.

시간이 조금 흘렀지만 선뜻 손을 드는 학생이 없었다. 필자는 처음 발표를 하는 사람의 역할이 중요하겠다 싶어 책임감이 강한 과대표에게 첫 발표를 맡겼다. 처음 발표를 하는 학생이 머뭇거리거나 솔직한 이야기를 꺼내지 않으면 수업의 효과는 물론, 의미조차 사라지기 때문에 그 친구에게 거는 기대가 컸다.

이윽고 그가 강단에 섰다. 그는 눈치를 보며 선뜻 입을 열지 않았다. 조금씩 수업 분위기가 산만해지면서 엉망이 되는 것이 느껴졌다. 필자는 한 친구가 여러 사람 앞에서 자신의 슬픔을 이야기하려고 준비하고 있는데 쉽게 듣거나 무시해서는 안 된다며 경청의 중요성을 강조하고 분위기를 바로잡았다. 그러자 마음을 다잡았는지 과대표가 입을 열었다.

"초등학교 6학년 때였어요. 제가 자란 곳은 작은 시골이어서 마을 사람들이 서로에 대해 잘 알았어요. 어느 날 마을에서 친구와 놀다가 작은 다툼이 있었는데, 그 친구가 저에게 이렇게 말했어요……. 아, 그런데 교수님. 이런 걸 왜 해야 하는 거죠?"

필자는 공감을 위해 기쁨을 나누는 것도 좋은 방법이지만, 슬픔을 나눌 수도 있어야 진정으로 서로에게 더 가까이 다가갈 수 있다고 재차 강조했다. 한참을 고민하던 과대표는 차마 입으로는 말하지 못하겠다며 아직까지도 선명하게 상처로 남아 있다는 그 말을 칠판에 적었다.

'이 엄마도 없는 X야.'

순간 강의실 안에 적막이 흘렀다. 모든 학생의 시선이 과대표에게 집중되었다. 조금 전까지만 해도 산만했던 학생들의 눈과 귀가 한곳에 모인 것이다. 지우고 싶은 상처를 다시 꺼내야 한 과대표는 눈물을 살짝 내비쳤지만 미소를 지으며 다시 이렇게 말했다.

"지금은 저에게도 엄마가 있어요. 저에게 욕을 했던 그 아이도 용서해요. 그때는 너무 어려서 그랬을 거예요. 그래서 그런지 새엄마와는 더욱 친하게 지내고 있어요. 누구에게든지 엄마는 소중한 존재잖아요."

학생들의 우렁찬, 진심이 가득한 위로의 박수가 이어졌다. '오프라 윈프리 쇼'가 따로 없었다. 첫 발표가 끝나자 다른 학생들 역시 가까운 사람에게도 하기 어려웠던 '자기 고백'을 하기 시작했다. 그러면서 그들은 하나가 되었다. 부모님의 이혼 이야기, 아버지에게 폭력을 당했던 이야기, 절도를 일삼던 어린 시절의 이야기, 암 투병 중인 어머니의 이야기, 아이돌 그룹의 멤버로 연예계 입문 직전까지 갔다가 막판에 퇴출당한 이야기 등이 쏟아져 나오면서 학생들은 함께 울기도 하고, 웃기도 했다.

모든 학생의 발표가 끝났을 때 필자는 말로는 설명하기 힘들지만 학생들의 내면에 어떠한 감정이 가득 차올랐음을 느낄 수 있었다. 이것이 바로 가장 훌륭한 '소통'이었음은 두말할 필요도 없다. 그 시간 이후 수업 분위기는 더욱 좋아졌고, 학생들 사이는 더욱 친밀해졌다.

'자기 고백'의 힘이 바로 이런 것이다. 전혀 생각지 않은 사람이 어느 날 갑자기 심각한 이야기를 털어놓았다는 것은 그가 나를 믿고 있다는 증거이다. 누구에게 선물을 받으면 왠지 모르게 불편하다. 나도 무언가를 줘야 마음이 편해질 것 같으니까. 하지만 누군가에게 자기 고백을 듣는 것은 '기분 좋은 불편'이 된다.

'생각도 못했는데 나를 믿고 이런 이야기를 해 주다니!'

이러한 생각만으로 상대방을 강하게 신뢰하게 된다. 그러고 나면 나 역시 상대방에게 솔직한 나의 마음을 고백하게 된다. 서로 믿는 사이이니까. 결국 두 사람의 소통에는 물질적이 아닌, 때가 묻지 않은 정신적인 선순환이 일어나게 된다.

평소 불편한 사람이 있다면, 또 미워하는 사람이 있다면 두 눈 딱 감고 그 사람에게 다가가 '자기 고백'을 해 보라. 어떠한 주제이든 상관없다. 오프라 윈프리가 어떻게 영향력 있는 사람이 되었는지 스스로 체감할 수 있을 것이다. 영향력은 내가 무언가를 할 수 있어야 생기는 것이 아니다. 내가 무언가를 과감하게 보여 줄 수 있을 때 상대방의 마음을 뒤흔드는 영향력이 생긴다.

'나를 따르라(Follow me)'보다 '너를 믿는다(Believe you)'가 훨씬 더 강하고 효과적인 커뮤니케이션을 낳는다는 것을 스무 살 남짓한 학생들의 자기 고백을 통해 깨달았을 것이다. 내가 먼저 마음을 여는 순간, 두 존재의 커뮤니케이션을 방해하는 독소는 자연스럽게 치유제로 변한다. 고백한다는 것은 부끄러운 일이 아니다. 내가 조금 열면 상대방은 더욱 활짝 연다는 것을 항상 기억하라.

상쾌하고 개운한 소통의 비법 1

1. '자기 고백'은 선물보다 더 진한 감동을 준다.
2. 영향력은 내가 무언가를 할 수 있어야 생기는 것이 아니다. 내가 무언가를 과감하게 보여 줄 수 있을 때 상대방의 마음을 뒤흔드는 영향력이 생긴다.

source 2

긍정적인 반응을 일으켜 대화에 탄력을 불어넣어라

'애들 앞에서는 냉수도 못 마신다.'

한 번쯤 이 말을 들어본 적이 있을 것이다. 어른의 행동, 특히 부모의 행동을 아이들이 그대로 따라 한다는 말이다. 사람은 누구나 생각이 형성되기 이전에 보는 것과 듣는 것으로부터 학습을 한다. 그래서 아이들은 아무 생각 없이 부모의 행동을 따라 하면서 자신과 가장 가까운 부모와 커뮤니케이션을 시도한다. 이것이 바로 일종의 공감 커뮤니케이션이다. 절대자인 부모의 행동을 따라 하면 당연히 그들에게서 반응이 올 것이고, 아이 입장에서는 그런 행동들을 통해 의사소통과 공감을 배우게 되는 것이다. 즉 모방을 통해 상대방의 감정이나 의도를 파악할 수 있다.

이러한 것을 학문적으로는 '거울 뉴런'이라고 한다. 타인의 행동이나 감정을 보거나 듣는 것만으로도 똑같이 경험하는 듯한 느낌을 가질 수 있다. 다시 말해 관찰이나 간접 경험만으로도 내가 그 일을 동시에 하고 있는 듯한 반응을 하는 것이다. 공감 커뮤니케이션을 위해서는 이런 행동들이 반드시 활성화되어야 한다.

말 잘하는 사람, 누구와도 잘 어울리는 사람, 어떤 주제로 대화를 나누어도 어렵지 않게 커뮤니케이션을 하는 사람을 유심히 관찰해 보면 절대로 아는 것이 많거나 언변이 좋은 것이 아니다. 그들은 대부분 상대방의 말에 호응을 잘해 준다. 유독 그런 사람들이 다른 사람 앞에서 타인의 흉내를 잘 낸다.

이런 사람은 외모가 어떻든 상관없이 인기도 많다. 뇌 속의 '거울 뉴런' 세포는 본능적으로 모든 사람의 뇌 속에 자리 잡고 있기 때문이다. 그래서 ==일종의 흉내 내기인 '거울 뉴런 세포' 활동을 왕성하게 할수록 높은 수준의 커뮤니케이션을 할 수 있다.==

중요한 것은 사이코패스 같은 심각한 상황의 사람이 아니라면 누구나 '거울 뉴런'을 풍부하게 가지고 있다는 것이다. 옆 사람이 하품을 하면 같이 하품을 하는 경우, 축구경기를 관람할 때 선수가 슛을 하거나 무언가 강한 액션을 취하면 똑같이 따라 하는 경우, 영화나 드라마에서 배우가 울면 같이 눈물을 흘리는 경우가 그 예이다.

그렇다면 내 앞에 있는 사람의 행동을 따라 하면서 그 사람의 감정에 공감하려는 노력을 해야 하는 것일까? 그것은 당연히 해야 할 커뮤니케이션 매너이다. 이러한 커뮤니케이션도 아주 훌륭한 방법 중 하나이지만, 좀 더 나아가 나의 표정이나 행동, 특히 말을 통해서 내가 의도하는 감정을 상대방에게 전달할 수 있다면 훌륭한 커뮤니케이션 효과를 얻을 수 있다.

뉴스를 제외하고 텔레비전 방송의 오락, 정보 프로그램의 진행자를 보면 시종일관 환하게 웃는 얼굴을 하고 있다. 그러한 표정 속에는 '웃고 있는 나를 보고 같이 편안하고 즐거운 마음으로 프로그램을 시청해 달라.'는 속뜻이 있다. 인상을 쓰고 방송을 진행하는 사람에게는 어느 누구도 시선을 주지 않을 것이다. 그런 사람의 얼굴을 보고 있으면 시청자들의 기분 역시 상하게 되지 않을까. 마찬가지로 홈쇼핑을 진행하는 쇼호스트 역시 매력적으로 웃을 필요가 있다. 엄숙한 마음으로 쇼핑을 하는 사람은 아마 이 세상에 존재하지 않을 것이다.

다시 생각해 보면 나를 보고 있는 사람의 표정이 곧 나의 표정이 될 수 있다. 상대방의 얼굴 상태가 곧 나의 얼굴 상태이고, 곧 나의 정서 상태를 말해 주는 것이다. 상대방의 표정이 좋아야 무엇이든 진행할 수 있다. 그렇게 하기 위해서는 일단 내 얼굴부터, 내 표정부터 관리해야 한다. 내가 상대방의 표정이나 감정 등을 무의식적으로 따라 하는 것처럼 상대방 역시 마찬가지일 테니 말이다.

'거울은 결코 먼저 웃지 않는다'라는 말이 있다. 즉 내 앞에 있는 사람의 표정은 곧 내 표정의 결과인 셈이다. 자, 이제 간단하고도 심오한 방법을 터득했으니 ==의식적으로 항상 환한 얼굴을 유지하도록 하라. 그래야 환한 커뮤니케이션을 할 수 있다.==

친구나 직장 동료 중에 얼굴만 봐도 자연스럽게 미소가 지어지는 사람이 있을 것이다. 그런 사람은 분명 아주 훌륭하게 사회생활을 해 나갈 것이고, 커뮤니케이션 달인이 될 가능성이 높다. 아니, 이미 그 경지에 올라서 있을 수도 있다. 결론적으로 상대방이 나에게서 재미있고 흥겨운 것을 찾는다면, 그들 머릿속에 있는 거울 신경이 본능적으로 나를 통해 즐겁고 신나는 감정을 불러일으킬 수 있다.

이것만으로도 심오한 경지에 이를 수 있지만, 여기에서 좀 더 나아가 나의 말로 인해 상대방의 감정이 변화하고, 심지어 나의 의도대로 무언가를 판단하게 한다면 이보다 더 좋을 것이 없다. 따라서 소통의 효과를 극대화하기 위해서는 ==나의 표정뿐 아니라 내가 하는 말 중에 상대방이 긍정적인 감정을 불러일으킬 만한 단어를 찾아내 사용하는 것이 좋다.== 그러면 상대

==말은 내가 원하는 정서에 더욱 빨리, 더욱 흠뻑 빠져들 수 있다.== 내가 하는 말이나 단어를 통해 특정한 정서를 불러일으키게끔 유도해 보라. 그렇게 어렵지 않다.

'여행'을 예로 들어 보겠다. 대부분의 사람은 여행을 좋아한다. 여행이라는 단어를 들으면 누구나 자동적으로 '깨끗함', '순수함', '낭만', '자유' 등을 떠올린다. 심지어 정말 여행을 떠난 듯 설레기까지 한다. 여행의 정서를 극대화하기 위해서 말만 들어도 기분이 좋아지는 단어를 찾아라. 단어가 주는 말맛이 연상되면 그 감정에 따라 호응도가 더욱 높아질 것이다.

"베트남의 매력을 한마디로 정의하자면 화장기 없는 '쌩얼의 매력'이 아닐까 싶어요. 순수하고 꾸밈이 없어요. 그래서 더 예쁘고 기억에 남더군요. 여행은 이런 곳으로 가야 해요. 그래야 더 깨끗하고 아름다운 추억을 만들 수 있습니다."

옆 사람이 하품을 하면 같이 하게 되는 것처럼, 옆 사람의 표정이 환하면 내 표정도 덩달아 환해진다. 이러한 점을 커뮤니케이션에 적용했더니 반응이 무척 좋았다.

"옆 사람이 하품을 하면 나도 모르게 따분해지지만, 반대로 옆 사람의 표정이 밝으면 나도 덩달아 기분이 좋아지죠. 가족과 친구, 연인의 웃는 모습이 보고 싶지 않으신가요? 이번 가을에 온천으로 떠나 보는 건 어떨까요? 함께 떠난 사람의 표정에 행복함이 잔뜩 깃들어서 여러분 역시 계속해서 미소 짓게 될 것입니다."

홈쇼핑에서 이름이 생소한 발모기기를 소개한 적이 있다. 머리카락이 빠졌을 때의 사진과 새로운 머리카락이 났을 때의 사진을 비교하여 보여 주는 것만으로도 관심을 유도할 수 있었을 텐데, 심각한 탈모 증상을 겪었던 한 연예인이 환하게 웃는 얼굴로 발모기기의 도움으로 엄청난 변화를 경험했다며 이렇게 말했다.

"인생 역전이란 말은 복권에만 쓸 수 있는 것이 아닙니다. 인생 역전보다 더 큰, 더 짜릿한 한 방이 있습니다. 우연도 아니고 행운도 아닙니다. 꾸준히 습관만 들이면 그동안 상상도 못한 기적이 일어납니다. 머리카락이 새로 자라거든요. 이렇게요."(환하게 웃으며 머리를 쓰다듬는 개그맨의 모습이 화면 가득히 비춰진다.)

그는 '변신'을 '인생 역전'이라 표현하며 시청자들에게 신선함을 넘어 감동을 주었다.

전달하고자 하는 말의 핵심 단어를 골라 그 단어의 정서를 극대화할 수 있는 표현을 찾아야 한다. 앞서 소개한 예는 '깨끗하고 순수한 여행'을 있는 그대로 말하는 것도 훌륭하지만 '쌩얼의 매력'이라 표현하며 더욱더 세련되고 뚜렷하게 의사를 전달했다. '변신'을 '인생 역전'이라 표현한 것도 마찬가지이다. 표현이 절묘할수록 커뮤니케이션을 방해하는 요소가 사라진다는 것을 명심하라.

다음 두 문장을 읽어 보고 본인의 정서와 감정이 어떤 파장을 불러오는지 스스로 느껴 보도록 하라. 확연한 차이가 느껴지는가. 똑같은 의미인데 단어의 사용이 얼마나 큰 차이를 만들어 내는지 알 수 있을 것이다.

- 여자는 돈 많은 사람을 좋아한다.
- 여자는 벤츠를 운전하는 사람에게 쉽게 반한다.

첫 번째 문장은 쌩한 느낌이 들지만, 두 번째 문장은 슬며시 웃음이 나온다. **단어 하나로 상대방의 감정은 차가워지기도 하고, 반대의 상황이 되기도 한다.** 누구나 바로 앞에 있는 사람의 말이나 에너지 등에 자신도 모르게 영향을 받기 때문이다.

TIP 상쾌하고 개운한 소통의 비법 2

1. 환한 얼굴을 유지하라. 그래야 환한 커뮤니케이션이 따라온다.
2. 상대방의 긍정적인 감정을 불러일으킬 수 있는 단어를 찾아내 사용하면 상대방은 내가 원하는 정서에 더욱 빨리, 더욱 흠뻑 빠져들 수 있다.
3. 표현이 절묘할수록 커뮤니케이션을 방해하는 요소가 사라지고 소통의 속도가 빨라진다. 우리의 감정과 정서는 바로 앞에 있는 사람의 말과 정서, 에너지의 영향을 받기 때문이다.

source 3

 상대방이 쉽게 답할 수 있는
질문을 던져라

 말을 잘하는 사람들의 공통점 중 하나는 어떤 상황에서든지, 누구에게나 질문을 잘한다는 것이다. 누군가 필자에게 "어떤 사람이 말을 잘하는 것입니까?"라고 물으면 필자는 이렇게 대답할 것이다.
 "질문을 잘하는 사람이 말을 가장 잘하는 사람이다."
 질문을 많이 던지면 상대방은 대답을 많이 할 수밖에 없다. 대답을 많이 하다 보면 자연스럽게 본인의 이야기를 많이 하게 된다. 자신의 이야기를 많이 할수록 성격이나 캐릭터, 정보 등을 상대방에게 많이 보여 주게 된다. 그런데 사람들은 본인의 자존심을 상하게 하는 말이나 지나치게 프라이버시를 침해하는 질문이 아니면 상대방의 질문에 대답을 하도록 교육 받아 왔다. 그리고 질문을 받으면 대답을 해야 한다는 것이 무의식에 저장되어 있다.
 말을 많이 할수록 손해를 볼 가능성이 크다. 그런데 주위를 둘러보면 꼭 질문을 하기보다 자신의 이야기를 많이 하는 사람이 있다. 특히 남자들에게서 이런 성향을 더 쉽게 발견할 수 있다.

대학 후배에게 같은 직장에 다니는 여성 동료를 소개해 준 적이 있다. 필자의 생각에는 두 사람이 참 잘 어울릴 것 같아 두 팔 걷고 나섰는데, 후배는 동료를 마음에 들어 한 반면, 동료는 냉담하게 거절 의사를 밝혔다. 본인의 이야기를 너무 많이 해 호감이 생기지 않는다는 이유였다.

대부분의 사람은 지위가 올라갈수록, 나이가 많아질수록 상대방의 이야기를 듣기보다 자신의 이야기를 하는 것을 좋아한다. 후배는 여성이 마음에 들어 본인이 얼마나 능력이 있는 남자인지 어필하고 싶었겠지만, 오히려 그것이 독이 된 것이다.

아무튼 자신의 이야기를 많이 하는 것보다 상대방이 본인의 이야기를 많이 하게끔 유도하는 것이 여러모로 유리하다. 질문을 한다는 것 자체가 상대방에게 관심이 있다는 증거이다. **상대방이 다양한 이야기를 꺼낼 수 있도록 유도하고 관심 있게 들어주는 것이 호감을 불러일으키는 첫 단계이기 때문이다.**

그렇다면 어떻게 질문을 해야 할까? 우선 이런 경우 실패할 확률이 높다.

"시간 있으세요? 저랑 차라도 한잔하실래요?"
"전부터 관심이 있었는데 저랑 사귀실래요?"
"혹시 저한테 관심 있으세요?"
"뭐 먹을래?"

이처럼 막연하고 상대방의 관심사를 전혀 고려하지 않은 질문은 차라리 하지 않는 것이 좋다. 중요한 것은 내가 질문을 했을 때, 상대방이 부담을 느껴서는 안 된다는 것이다. 다시 말해 내가 무엇인가 질문을 했는데 상대방이 좌뇌와 우뇌를 동시에 가동시키면서 깊이 생각을 하고 있다면 그 질문은 실패한 것이다. 자칫 잘못했다가는 두 사람의 관계도 심각한(?) 상황으로 치달을 수 있다.

   가장 좋은 질문은 상대방이 어렵지 않게 대답할 수 있도록 유도하는 질문이다. 평소에 옷을 멋지게 입고 다니는 직장 동료가 있다고 가정해 보자. 그 사람에게 "어떻게 하면 그렇게 패션 감각이 좋을 수 있어요?"라고 묻는다면 직장 동료는 난감해할 수도 있다. 어디서부터 말을 해야 할지 전혀 감이 잡히지 않기 때문이다. 그런 상황에서는 이렇게 바꿔 질문하는 것이 효과적이다.

   "귀고리가 정말 예쁘네요. 그런 건 어디에서 살 수 있어요?"

   이렇게 말하면 상대방은 귀까지 빨개지며 좋아할 것이다. 이때 중요한 것은 귀고리 하나로 상대방의 패션 감각을 칭찬하는 것으로 마무리하는 것이 아니라 계속해서 편안하게 대화를 이어 나가는 것이다.

   "얼마에 샀는지 물어봐도 되나요?"
   "그 가격보다 더 비싸 보여요."
   "그 동네에 가면 그렇게 좋은 게 많이 있나요?"
   "평소에 그곳에 자주 가시나 봐요?"
   "다음에 언제 가실 예정이에요? 저도 한 번 가 보고 싶어요."
   "저는 ○○에 관심이 많은데, 그런 것들도 살 수 있나요?"

   질문이 꼬리에 꼬리를 물면서도 상대방 입장에서는 전혀 부담스럽지 않고 편하게 대답할 수 있다.

김일중은 저서 《토크쇼 화법》에서 대안형 질문 방법에 대해 소개했다. 앞서 말한 것처럼 상대방이 부담을 느끼지 않는 질문을 하라는 것이 주 내용이다. 그 역시 대답을 쉽게 할 수 있도록 질문하라고 말한다.

- 지금 행복하세요?
- 행복의 만점을 10으로 본다면, 스스로 몇 점을 주시겠어요?

위 질문 중 어느 쪽이 대답하기 훨씬 수월한가. 대부분의 사람은 첫 번째 질문보다 두 번째 질문이 대답하기 편하다고 생각할 것이다. 두 번째 질문에는 대안이 제시되어 있기 때문에 생각할 시간이 짧아지고 그만큼 대답하기가 쉽다. 전반적인 패션 감각에 대해 질문하는 것보다 그 감각을 대신할 수 있는 귀고리 하나를 주제로 선정하여 질문한 것 역시 대안 질문의 한 예이다.

이 정도 질문을 하고, 대화를 하는 것은 보통 이상의 화술 실력을 갖춘 것이라 볼 수 있다. 하지만 이 수준을 훨씬 뛰어넘어 상대방의 마음을 내 쪽으로 확 끌어당길 수 있는 방법이 있다.

독일에서 대학생들을 대상으로 다음 두 질문에 대해 설문조사를 했다.

- 당신은 요즈음 얼마나 행복한가요?
- 지난달 데이트 횟수는 얼마나 되나요?

첫 번째 질문에 이어 두 번째 질문에도 대답한 학생들은 두 질문에 대해 별다른 상관관계를 느끼지 못했다. 당연히 '행복' 따로 '데이트' 따로 생각한 것이다. 당신 역시 이 질문에 별다른 느낌을 받지 못했을 것이다. 분명 '나의 행복 지수와 데이트 횟수가 무슨 관계가 있다는 말이야?'라고 생각하는 사람도 많을 것이다.

이번에는 질문의 순서를 바꿔 다른 학생들에게 설문조사를 했다.

- 지난달 데이트 횟수는 얼마나 되나요?
- 당신은 요즈음 얼마나 행복한가요?

질문 순서만 바꿨을 뿐인데 놀라운 결과가 나왔다. 데이트를 하지 못한 학생들은 행복 지수를 형편없이 낮게 책정했지만, 데이트를 한 학생들은 행복감을 크게 느낀 것으로 평가했다. 이번 실험에서는 행복과 데이트가 높은 상관관계가 있다는 것이 나타났다.

대니얼 카너먼은 저서 《생각에 관한 생각》에서 위 설문조사에 대해 이렇게 설명했다.

> 사람들은 어려운 질문을 받은 뒤 만족스러운 대답을 빨리 찾기 힘들면 더 쉬운 연관 질문을 찾아 처음 받았던 질문에 대해 대답한다. 우리에게 눈으로 보이는 것은 세상의 모든 것이다. 행복감을 평가할 때 현재의 마음 상태는 중요한 영향을 미친다.

'행복'이라는 어려운 질문을 받았을 때는 쉽게 대답하지 못했지만, '데이트'라는 단어를 통해 행복하고 즐거웠던 시간을 떠올린 학생들은 그 기억이 전체의식으로 확장되었다는 것은 까맣게 잊고 '행복'이라는 질문에 무척이나 쉽게 대답한 것이다.

더 쉽게 말하면, 데이트를 했을 때의 기억은 순간적으로 학생들을 기분 좋게 만들었다. '시간 가는 줄 모를 정도로 즐거웠던 데이트'의 정서가 이미 학생들의 마음을 사로잡았다는 의미이다. 이렇게 정서가 형성된 후에 '요즈음 얼마나 행복한가요?'라는 질문을 받았으니 저절로 '나는 지금 행복하다.'고 대답하게 된 것이다. '데이트 프레임'이 행복이라는 큰 개념을 쉽게 판단하게끔 유도한 것이다.

잘 알지 못하는 사람과 대화를 할 경우, 본격적인 이야기를 하기 전에 상대방의 정서를 프레임하는 것이 좋다. 그러면 당신이 의도한 대로 대화를 전개해 나갈 수 있다.

여름철 냉방 용품을 소개할 때 "여러분께 시원한 쿨매트를 소개합니다."라는 멘트로 바로 시작하는 것보다 이렇게 말하는 것이 더 효율적이지 않을까?

"지난주, 그제, 어제 그리고 오늘 정말 너무너무 덥지 않았나요? 내일은 또 얼마나 더울까요? 생각만 해도 숨이 턱턱 막힙니다. 요즘 같은 날씨에 에어컨, 선풍기 없이 지내시는 분은 아마 한 분도 안 계실 것입니다."

언젠가 정기 보험을 판매한 적이 있다. 필자는 '보장 자산'에 대한 규모나 보험료 등에 대해 이야기하기 전에 스토리를 이용해 프레임을 설정·유도했다. 그리고 그 후에 상품에 대해 설명했다.

"직장 동료가 감기 몸살 때문에 결근을 한 적이 있습니다. 결근을 할 정도이니 집에서 얼마나 끙끙 앓았겠어요. 그 모습을 본 그의 아내가 이렇게 말했답니다. '오빠 종신 보험 3억 원에서 5억 원으로 올릴까봐. 오빠 죽으면 나랑 아이는 어떻게 해?' 친구는 아내의 말에 그냥 웃고 말았다고 하네요. 그런데 사실 그냥 웃고 넘길 수 있는 이야기가 아닙니다. 그래서 오늘 대한민국 가장들의 어깨를 조금이나마 편안하게 해 줄 수 있는 상품을 준비했습니다."

"여유 자금 넉넉하게 가지고 있으신가요? 자녀들의 학비는 모두 마련해 놓으셨고요? 언제나 마음이 평온하신가요? 어느 누구도 쉽게 '예스'라고 대답하지 못할 것입니다. 대체 돈이 뭐라고! 어제도, 오늘도 대한민국 가장들의 어깨는 천근만근입니다. 가장들의 어깨를 짓누르는 그 무게를 보험으로 덜어 버리세요."

위의 예는 누구에게나 있을 수 있는 이야기이기 때문에 그리고 걱정이 앞서는 이야기이기 때문에 자연스럽게 다음 멘트에 집중할 수 있다. 이른바 '걱정 프레임'이 자연스럽게 형성되어 더욱 자연스럽게 공감할 수 있게 되는 것이다. 이 단계를 거친 뒤 설득으로 연결시키면 된다.

주위에 패션 감각이 뛰어난 사람에게 "귀고리가 정말 예쁘네요. 그런 건 어디에서 살 수 있어요?"라고 질문한다면 상대방은 예상치 못한 칭찬에 기분이 좋아지고, 귀고리를 샀을 때 행복했던 기억을 떠올릴 것이다. 그 작은 기억을 바탕으로 상대방은 이미 충분히 나와의 대화를 즐겁게 이어 나갈 준비가 완료된다.

주위에 아이를 둔 부모가 있다면 아이의 근황을 묻는 것으로, 아이를 칭찬하는 것으로 대화를 시작해 보라. 대화를 나누는 동안 부모의 입은 계속 귀에 걸려 있을 것이다. 또한 휴가를 앞두고 있는 동료에게 먼저 휴가 이야기를 꺼내면 평소에 그리 가깝지 않은 사이라 하더라도 물 흐르듯 자연스럽게 대화를 이어 나갈 수 있을 것이다.

어느 누구든지 아주 작은 것일지라도 행복했던 기억 혹은 곧 있을 행복을 끄집어내 주면 어느새 그 사람의 의식은 평온하게 변한다. 그러니 자연스럽게 자신에게 질문을 던진 상대방을 긍정적으로 평가할 수밖에 없다.

==상대방의 현재 마음 상태가 행복해질 수 있도록 질문하라. 누구에게나 아무리 작은 것이라도 즐거워할 만한 일이 있다. 프레임이 전체 마인드에 미==

==치는 영향은 절대적이다.== 무의식적으로 떠올린 작은 기억이 전체의식을 지배한다는 것은 이미 입이 닳도록 강조했다. 이는 별것 아닌 것처럼 보여도 효과는 엄청난 커뮤니케이션 방법이다.

> **TIP 상쾌하고 개운한 소통의 비법 3**
>
> 1. 가장 말을 잘하는 사람은 질문을 잘하는 사람이다.
> 2. 무턱대고 아무 질문이나 하는 것은 금물이다.
> 3. 본격적인 이야기를 하기 전에 상대방의 정서를 행복하게 만들어 줄 수 있는 질문을 하면 원활한 커뮤니케이션을 할 수 있다.
> 4. 어쩌다 떠오른 긍정적 마인드가 전체의식을 지배한다.

source 4

미처 생각지 못한 방법으로 대화를 시작하라

지하철에서 혹은 길을 가다가 우연히 이상형을 만났다고 생각해 보라. 만약 상대방에게 "저기, 제 이상형이신데…… 잠시 시간 좀 내 주시겠어요? 차 한잔하고 싶어요."라고 말을 건넨다면 어떨까? 결과는 뻔하다. 상대방은 찬바람을 일으키며 시야에서 사라져 버릴 것이다. 왜 그런 것일까? 시간이 없어서? 아니다. 물론 이상형이라는 말을 듣고 기분 나빠할 사람은 없다. 하지만 아무리 시간이 많고 할 일이 없다 해도 전혀 알지 못하는 상대방을 위한 시간을 용납하는 사람은 많지 않다.

주변을 살펴보면 외모가 훌륭하지 않아도 유난히 이성과 쉽게 가까워지는 사람이 있다. 그들은 상대방과 자신의 공통점을 발견하고, 그것을 제대로 활용할 줄 안다. 그들은 위와 같은 상황에 놓이면 무슨 말을 건넬지 머리를 굴리는 것이 아니라 눈을 굴린다.

상대방이 흥미를 가질 만한 소재를 찾은 뒤 말을 건네면 아무리 콧대가 높은 여성일지라도, 아무리 목석같은 남성일지라도 관심을 보이지 않을 수 없다. 이를테면, 지하철에서 모르는 이성에게 말을 건네야 하는 상황에서 "차 한잔하시겠어요?"라고 말하는 것보다 "지금 사용하고 계시는 휴대폰의 새 기능이 나온 것 알고 계세요? 저도 얼마 전에 알았는데 가르쳐 드릴까요? 정말 좋더라고요." 혹은 "이 브랜드의 가방을 좋아하세요? 이 브랜드 할인하는 사이트를 알고 있는데 소개해 드릴까요?"라고 말하는 것이 훨씬 성공 확률이 높다.

==원활한 소통을 하기 위해서는 반드시 상대방에게서 소재를 찾아야 한다. 자신이 가지고 있는 것을 보여 줄 것이 아니라 상대방이 가진 것, 관심 있어 하는 것을 수면 위로 끌어올려야 한다.== 나에게 관심을 갖고 있는 사람에게 호감이 생기는 것은 너무나도 당연하다. 이런 것을 '배려'라고도 표현한다.

플레이보이들은 남들이 쉽게 발견하지 못하는 상대방의 모습을 잘 포착하는 재주를 가지고 있다. 그러니 어찌 보면 '플레이보이'라는 불명예스러운 수식어보다 '소통과 배려의 달인'이라는 수식어가 더 어울릴 수도 있다. 또한 그들은 현빈, 조인성 같은 완벽한 남자도 쉽게 따라오지 못할 또 하나의 장점이자 매력, 특징을 가지고 있다. 감각적이고 독창적인 표현 능력이 바로 그것이다.

조금 미안한 표현이지만, 외모 수준이 조금 떨어지는 개그맨들의 부인을 보면 입이 떡 하고 벌어진다. 어떻게 저렇게 아름다운 외모를 가진 여성을 만났을까 싶을 정도이다. 하지만 어쩌면 당연한 결과일 수도 있다. 개그맨들은 잠자는 시간을 제외하고는 시청자들을 웃길 생각만 한다. 시청자들을 즐겁게 해 줄 수 있다는 것은 소통을 넘어 그들에게 카타르시스를 제공해 주는 것이기 때문에 보통의 노력과 보통 수준의 시각으로는 절대 성공할 수 없다. 더군다나 그들은 시청자들을 끊임없이 연구한다. 상대방이 즐거워할지, 폭소를 터뜨릴지 알아내기 위해 상상 이상의 노력과 연구를 하고 있는 것이다.

이렇게 남들이 미처 보지 못한 것, 미처 생각하지 못한 것, 미처 표현하지 못한 것을 찾아내는 훈련을 하다 보니 한마디만 던져도 절로 웃음이 새어 나오는 것이 아닐까? 함께 있으면 언제나 즐겁게 해 주는 사람이 나에게 관심을 표해 주니 여성들이 서서히 마음을 연 것이 아닌가 싶다.

이제부터 상대방이 관심을 갖고 즐거워할 만한 독창적인 이야기를 어떻게 하면 만들어 낼 수 있을지에 대해 소개하겠다. 프레젠테이션을 할 때 혹은 잘 알지 못하는 사람 앞에서 발표를 할 때 가장 중요한 것은 '이미지'이다. 이미지가 전체 발표 내용의 70% 이상을 좌지우지한다. 따라서 우선은 외모부터 깔끔하고 신뢰감 있게 형성하는 것이 좋다.

그다음으로 중요한 것이 발표 내용인데, 이때 여는 말, 즉 오프닝을 신경 써야 한다. 시작을 어떻게 하느냐는 상당히 중요하다. 상대방이 발표가 끝나는 순간까지 집중하느냐, 그렇지 않느냐는 여기에 달려 있다. 이는 '초두 효과' 때문인데, 쉽게 말하면 사람들은 처음에 가졌던 인상이나 이미지, 느낌이 오래도록 변하지 않고 유지된다는 것이다. 처음에 상대방에게 강하고 좋은 인상을 심어 준다면 반 이상은 성공한 것과 다름없다.

그렇다면 독창적이고 임팩트 강한 시작은 어떻게 해야 하는 것일까? 필자가 여섯 가지 방법을 소개하겠다.

1. 상대가 미처 알지 못하는 통계치나 사실을 인용하라.

"일주일 정도 입원을 하게 되면 경제적 부담이 상당하죠? 건강보험공단에 따르면 고혈압으로 인해 입원할 경우 평균 18일 정도 병원 신세를 진다고 합니다. 디스크는 12일 이상 입원해야 하고요. 현실적으로 병보다 병원비 때문에 고민하는 경우가 많습니다. 따라서 입원비를 전문으로 보장하는 보험이 더 필요한 것입니다. 입원비만큼은 꼭 잡으세요."

"매출 30조 원이 넘으면 우리나라에서 손꼽히는 기업이라 할 수 있습니다. 그런데 우리나라 부모님들이 한해 사용하는 사교육비가 30조 원이 넘는다고 합니다. 정말 어마어마하지 않습니까? 깨진 독에 물 붓기가 아니라 깨진 독을 고치는 지혜가 필요합니다."

공식적인 통계치를 인용하여 말하면 사람 자체의 공신력이 높아진다. 그리고 논리적이고 지적인 사람으로 보이기도 한다. 처음부터 이러한 이미지를 형성하면 편안하게 다음 이야기를 진행할 수 있다. 또 하나! 상대방이 미처 몰랐던 통계나 사실을 이야기하면 상대방은 다음에 이어질 당신의 말에 더욱더 집중할 것이다.

2. 유명인의 말을 인용하라.

"'여행과 변화를 사랑하는 사람은 생명이 있는 사람이다.' 이는 대음악가 바그너가 한 말입니다. 일상에 지쳐 있나요? 몸과 마음에 생기를 불어넣어 주세요. 대한민국 대표 여행지 강원도에서 당신을 기다리고 있는 수준 높은 클럽을 소개합니다."

"안데르센은 여행에 대해 이렇게 말했습니다. '여행은 나에게 있어 정신을 다시금 젊어지게 해 주는 샘이다.' 여행을 다녀와서 폭삭 늙었다는 사람은 없습니다. 하지만 비용이 꽤 많이 발생하면 마음이 무겁죠. 이제 누구든지 가볍고 기쁜 마음으로 여행을 떠날 수 있습니다."

"'어떤 사람은 젊고도 늙었고, 또 어떤 사람은 늙고도 젊다.' 이는《탈무드》에 나오는 말입니다. 어떤 사람이 되길 원하시나요? 라인이 살면 몸도, 마음도 젊어질 수 있습니다. 지금 당장 완성하세요. 150병의 다이어트 음료를 드리겠습니다."

신기하게도 유명인의 말을 인용하면 많은 사람이 신뢰감을 갖는다. 아니 그 이상을 넘어 감탄하기까지 한다. 더 중요한 사실은 유명인의 말을 인용하면 그와 동시에 유명인이 지니고 있는 카리스마와 아우라가 그대로 말을 하는 사람에게 옮겨진다는 것이다. 유명인의 말을 인용하여 독창적인 시작을 하고 싶은데 빠르게 떠오르지 않는다고 걱정할 필요는 없다. 좋은 방법이 있다. 그때는 "저의 어머니께서 늘 이렇게 말씀하셨습니다."라는 말로 시작하며 주제를 이어 나가면 상대방에게 호감을 심어 줄 수 있다. 누구에게나 부모님은 사랑과 존경의 대상이니까.

3. 속담, 격언, 명언을 이용하라.

"'세상에 가족같이 훌륭한 선물은 없다'라는 말이 있죠. 지금 당신 곁에 있는 선물처럼 소중한 가족에게 마음을 담아 이 제품을 건네 보세요. 받는 사람, 주는 사람 모두 흡족해할 것입니다."

"'공부를 하려 하지 말고 공부를 이겨 버려라'라는 명언이 있습니다. 공부를 이길 수 있는 방법을 찾고 싶으신가요? 저희 스타 강사들이 아이들의 승리를 위해 기다리고 있습니다."

작년 이맘때쯤 인기를 끈 유행어를 기억하는 사람이 과연 몇이나 될까?

작년은커녕 한 달 전의 유행어도 기억하기 어렵다. 말에는 생명이 있다. 생명이 다한 말들은 사람들의 기억에서 쉽게 사라진다. 하지만 수백 년 혹은 더 오래된 속담, 격언, 명언 등은 쉽게 잊히지 않는다. 그만큼 생명력이 강하고 사람의 뇌리에 바로 심을 수 있는 위력을 가지고 있다. 또한 그 말 자체에 주제가 함축되어 있기 때문에 부연 설명을 하지 않아도 내가 무슨 의미의 말을 하려는지 상대방이 바로 알아들을 수 있다. 곧바로 주제를 말하는 단순한 방법보다 속담, 격언, 명언 등을 인용하면 주제를 함축적으로 전달하는 것은 물론 똑똑하고 지혜를 갖춘 사람이라는 인상을 심어 줄 수 있다.

4. 직접 겪은 일을 소개하라.

"며칠 전에 유명하다는 콘도에 다녀왔어요. 큰 기대를 하고 갔는데, 그 전에 가 보았던 콘도와 별반 다른 게 없더라고요. 이용료만 비싸고……. 아무리 유명해도 이전에 다녀왔던 곳과 뭔가 달라야 신이 나잖아요. 저처럼 큰맘 먹고 콘도에 갔는데 실망만 하고 돌아오셨던 분들은 주목하세요. 전혀 다른, 색다른 분위기의 콘도를 소개해 드리겠습니다. 여러 가지 테마로 꾸며져 있는데, 모든 룸의 가격은 같습니다."

"몇 해 전에 스캔들로 인해 한 남자 가수가 기자회견을 열었습니다. 많이들 기억하시죠? 억울함을 풀겠다며 단상에 올라가 바지를 내려 보이려 했던……. 거의 1년 만에 공개 석상에 모습을 드러낸 것이었는데, 전 그가 하는 말보다 그의 머리에 더 눈길이 가더군요. 환갑이 넘은 나이에도 불구하고 살짝 긴 머리 스타일이 참 잘 어울렸어요. 그때 저는 모발을 잘 관리하면 나이가 들어서도 그 가수와 같은 스타일을 유지할 수 있겠구나 하는 생각이 들었어요."

많은 사람이 최근에 겪은 개인적인 경험 등을 듣는 것을 좋아한다. 일상적인 이야기이지만 친근함과 솔직함이 담겨 있기 때문에 상대방은 관심을 갖고 귀를 기울인다. 학창 시절에 선생님이 수업을 진행하다가 개인적인 이야기를 해 주었을 때를 생각해 보라. 꾸벅꾸벅 졸고 있다가도 두 눈을 번쩍 뜨고 선생님의 말에 집중한 경험이 있을 것이다. 개인적인 경험을 바탕으로 자신의 생각을 먼저 이야기하고 주제와 자연스럽게 연결시키는 훈련을 한다면 상대방을 집중시키는 순도 높은 커뮤니케이션을 할 수 있다.

5. 질문을 던져라.

"오늘 하루 아이들을 위해 얼마 정도를 사용하셨나요? 장난감, 군것질 등으로 꽤 많은 돈을 사용하지 않으셨나요? 그 돈의 오분의 일 아니, 십분의 일 정도만 부모님을 위해 준비하세요. 그 정도만 준비해도 크게 기뻐하실 것입니다."

"다들 어버이날 선물 준비하셨나요? 올해는 더 뜻깊은 선물을 준비해 보는 것은 어떨까요? 아주 적은 비용으로도 큰 기쁨을 느끼실 수 있을 것입니다."

질문을 던지면 상대방은 답을 찾으려 한다. 이는 매우 자연스러운 현상이다. 질문을 하면서 발표를 시작하면 자연스럽게 집중도를 높일 수 있다.

6. 나의 에토스를 부각하라.

미국의 한 대학교수가 실험을 했다. 한 강의실에서는 겸손한 말투로 "나는 보잘 것 없는 교수이다. 어쩌다가 이 수업을 맡게 되었는데, 실수를 하더라도 이해해 주기 바란다."라고 말한 뒤에 수업을 시작했고, 다른 강의실에서는 조금 거만한 말투로 자신의 연구 실적과 학계에서 차지하는 자신의 높은 지위 등을 집중적으로 부각시키며 "나의 수업을 듣는 것은 여러분들에게 굉장한 영광이다."라고 말한 뒤에 수업을 시작했다.

학기가 끝난 뒤 학생들의 만족도를 조사해 보니 놀라운 결과가 나왔다. 겸손하게 수업을 시작한 교수보다 거만한 말투로 자신을 부각시킨 뒤 수업을 시작한 교수에 대한 만족도가 훨씬 높게 나온 것이다.

강태완은 저서 《설득의 원리》에서 '에토스'는 '말하는 사람의 인품이나 지식, 전문성 등을 살려 설득의 근거로 제시하는 것'이라고 정의하였다. 그는 이를 '화자의 품성'이라고 하고 이렇게 기술했다.

말하는 사람의 품성이 듣는 사람에게 믿음을 줄 때, 그가 말하는 내용을 쉽게 믿는 경향이 있다.

언젠가 '설득 커뮤니케이션'에 대한 강의를 들은 적이 있다. 강사는 스크린에 자신의 이력을 깨알같이 적어 수강생들에게 보여 준 뒤 강의를 시작했다. 이력에 대한 검증과 상관없이 수강생들은 높은 신뢰도를 보이며 강의에 집중했다.

이처럼 자신의 실적이나 지식, 경력 등을 먼저 언급하며 대화를 시작하라. 절대 손해 보는 일은 없을 것이다. 이 역시 초두 효과와 관련이 있다. ==누구든지 처음에 받는 인상은 그 이후에 받는 어떤 이미지나 인상보다 강력한 힘을 발휘한다.== 물론 'A good man speaks well(훌륭한 사람이 말을 잘하는 것이다.).'이라는 말이 있듯이 그럴듯하게 자신을 포장하는 것도 중요하지만 그 전에 포장에 맞는 인격과 품성을 갖추는 것이 선행되어야 함을 잊지 말라.

남들과 똑같이 말하고, 똑같이 표현해서는 자신을 부각시킬 수 없다. 남들이 보는 것만 보고, 느끼고, 생각한다면 상대방과 제대로 교감할 수 없다. 물론 남들이 보지 못하는 것을 보고, 남들이 생각하지 못하는 것을 생각해 내는 것은 쉬운 일이 아니다.

하지만 그러한 것들은 천재들만 할 수 있는 것이 아니다. 평범하더라도 이것 하나만큼은 머릿속에, 마음속에 새기도록 하라. 바로 내가 아닌 상대방의 관점에서 생각하고 판단하라. 그리고 내가 가지고 있는 것이 아닌 상대방이 가지고 있는 것이 무엇인지 파악해 보라.

이러한 습관을 기른다면 남들이 인정하는 '소통과 배려의 달인', 여기에 더 해서 '창의적인 인재'라고 평가받게 될 것이다. 이 단계에 이르면 결국 커뮤니케이션을 방해하는 요소들은 자연스럽게 사라지고 누구든지 당신에게 주목할 것이 분명하다.

> **TIP** 상쾌하고 개운한 소통의 비법 **4**
>
> 1   소통을 잘하기 위한 해답은 상대방에게 있다.
> 2   상대방에게서 대화의 단서를 잡으면 그는 당신의 말에 더욱더 집중할 것이다.
> 3   독창적인 내용으로 커뮤니케이션을 시작하면 소통을 방해하는 불순물을 말끔하게 제거할 수 있다.

source 5

스토리로 감동과 공감, 소통의 세 마리 토끼를 잡아라

어떤 주제를 놓고 옥신각신하던 중에 누군가가 이런 말을 하면 어떨까?

"내가 읽은 책에 이런 말이 나와."

자연스럽게 그의 주장으로 무게가 쏠린다. 만약 다른 사람들이 그 책을 읽지 않은 상태라면 신뢰도는 더욱더 증폭된다. 그래서 자연스럽게 그의 말에 귀를 기울이게 되는 것이다.

책의 내용은 또 하나의 스토리이다. 대한민국 사람 중에 스토리를 싫어하는 사람은 없다. 텔레비전에서는 본 방송은 물론 재방송까지 온종일 드라마가 방영된다. 그 내용이 막장이든 어떻든 많은 사람이 드라마를 본다. 이는 그만큼 스토리를 좋아하는 사람이 많다는 증거이다. 기존에 많은 스토리를 접해 첫 회만 보고도 대강의 전개와 마무리가 예측됨에도 결코 질려하지 않는다.

책을 많이 읽는 사람, 많은 스토리를 알고 있는 사람은 유식하고 말을 잘

==하는 사람, 아주 재미있는 사람으로 인정받는다. 그래서 그런 사람과 대화를 나누면 즐거울 뿐 아니라 배울 점도 많다.==

자신이 겪은 이야기를 재미있게 버무려 주위 사람에게 이야기할 수 있는 사람은 'Good', 주변 사람이 겪은 이야기를 자신이 겪은 것처럼 다른 사람에게 생생하게 전달할 수 있는 사람은 'Better'이다. 그런데 자신의 독서량을 드러내지 않고 책에서 본 내용을 자연스럽게 하나의 스토리로 엮어 내 주위 사람들에게 들려주는 사람은 'Best'이다.

'Good'과 'Better'는 어느 정도 타고난 입심이 있으면 가능하지만 'Best'는 타고난 입심은 물론 꾸준한 노력이 없으면 그리고 독서 자체를 즐기지 않으면 절대 불가능한 경지이다.

'Best'의 경지에 오른 사람은 주변에서 일어나는 일이나 다른 사람들이 하는 말을 잘 들어주고 머릿속에 담아 둔다. 그것은 작가가 풀어낸 스토리를 경청하는 일, 즉 독서로 인해 제대로 훈련되었기 때문이다. 여기에 나름대로 겪은 자신만의 경험이 합해져 그 사람만의 내공으로 자리 잡게 되는 것이다.

한 방송에서 가수 김태원이 이런 말을 했다.

"긴장하면 지는 것입니다. 대신 설렌다면 이길 수 있습니다."
"3등은 괜찮습니다. 하지만 3류는 안 됩니다."
"기적은 만드는 것입니다."
"'여기까지'라는 말은 없습니다. 항상 '이제부터'입니다."

그에 대해서 잘 알지 못하는 사람들은, 더욱 구체적으로 말해 연령대가 낮은 사람들은 그를 텔레비전에 등장해 갑자기 뜬 벼락 스타로 생각한다. 하지만 그는 오랜 시간 실패와 좌절, 성공을 겪으며 엄청난 내공을 갈고닦은 사람이다. 그렇기 때문에 위와 같은 말을 할 수 있었던 것이다.

그는 분명 음악뿐 아니라 독서에도 적지 않은 시간을 투자했으리라고 자신한다. 크나큰 실패를 겪었을 때 그 시련을 이겨 내기 위해 독서가 필요했을 것이고, 그 안에서 접한 다양한 스토리를 아름다운 음악을 만들어 내는 원동력으로 삼았을 것이다. 그것이 본인만의 스토리가 되어 상처받은 또 다른 사람들의 마음을 환하게 밝혀 주는 보석으로 부활하지 않았을까?

우리는 그와 같은 사람들의 가슴속 이야기에 공감하고 함께 눈물 흘린다. 그리고 그를 통해 위로받고, 환호하며 이 혹독하고 냉정한 사회에서 또 다른 형태의 삶의 동력을 얻곤 한다.

'슈퍼스타 K'라는 프로그램이 있다. 많은 사람이 이 방송에 집중하는 것은 노래 외에 의외의 이야기가 있기 때문이다. 치열한 경쟁 구도도, 출연자들 간의 미묘한 신경전과 갈등도 볼만하지만, 그 무엇보다 출연자마다 가지고 있는 비하인드 스토리가 있기 때문에, 그 스토리에 놀라고 공감하기 때문에 끝까지 집중하고 "60초 후에 다시 돌아오겠습니다!"라는 한마디에 숨이 넘어간다.

'공감'이니 '소통'이니 하는 말이 사회의 키워드가 되면서 각 TV 프로그램도 앞다퉈 스토리 콘텐츠에 집중하고 있다. 각종 서바이벌 프로그램이나 특정한 대본이 없어 보이는 편안한 분위기의 토크쇼가 유행하는 것도 당연한 흐름이 아닌가 싶다. 많은 사람이 출연자가 쏟아 내는 자신만의 신선하고 독특한 이야기에 흥미로움을 느끼고, 그 진정성에 감동하기 때문이다.

역사상 가장 훌륭한 성군인 세종대왕도 스토리의 힘과 중요성을 잘 알고 있었다.

어느 날 세종대왕이 친아버지를 살해한 아들의 처벌 문제를 놓고 신하들과 논의을 했다. 신하들은 한결같이 자식의 처벌 수위를 높이자는 의견을 내놓았다. 그런데 변계량만이 《효행록》과 같은 책을 만들어 백성들이 항상 읽고 외우게 하여 효의 중요성을 스스로 깨닫게 하자는 주장을 펼쳤다. 세종대왕은 그의 제안을 받아들여 효도에 대한 100여 가지의 아름다운 이야기에 그림을 곁들여 책을 만든 뒤 전국에 배포했다. 이것이 바로 우리가 잘 알고 있는 《삼강행실도》이다.

뿐만 아니라 세종대왕은 공부의 방법 중에 '흥기(興起)'를 가장 중요하게 생각하였다. 그는 재미있는 이야기를 통해서 관심이나 호기심을 불러일으켜야 한다고 주장했다. 사람을 변화시키는 데 가장 중요한 것이 재미있는 이야기라니! 즉 사람의 행동이나 마음을 변화시키기 위해서는 재미있고 좋은 이야기를 해 주고, 그 이야기가 생각에 깊숙하게 스며들면 자연스럽게 몸에 붙어서 행동이나 마음가짐이 바뀌게 된다는 말이다. 필자가 입이 마르고 귀가 닳도록 이야기한 스토리텔링의 효과를 세종대왕은 진작 알고 있었던 것이다.

우리는 종종 텔레비전, 잡지, 신문 등을 통해 어느 개인의 이야기, 즉 반복되는 실패에 엄청난 고통을 겪었지만 그러한 상황 속에서도 포기하지 않고 일어나 목표를 향해 끊임없이 노력한 사람들의 이야기를 듣는다. 그리고 함께 슬퍼하고 기뻐하며, 스스로를 뒤돌아보는 시간을 갖는다. 이처럼 스토리는 얼마든지 많은 사람을 감동시킬 수 있다는 것을, 사고에 변화를 줄 수 있다는 것을 잊지 말아야 한다.

대부분의 사람은 유태인이 세계를 쥐락펴락하는 주류로 자리 잡은 것은 그들만의 경제관념 때문이라고 말한다. 하지만 필자는 그들의 성공은 그들만의 특별한 스토리텔링 교육법에 의한 결과가 아닐까 생각한다.

유태인들은 매주 금요일 저녁에는 무슨 일이 있어도 온 가족이 모여 함께 식사를 한다고 한다. 대부분의 아이들은 식사를 마친 뒤 자신의 방으로 돌아가 장난감을 가지고 놀거나 게임을 하고 싶어 한다. 얼른 식탁에서 벗어나고 싶어 안절부절못하는 아이들의 모습을 한 번쯤은 본 적이 있을 것이다. 하지만 이때 유태인 부모들은 아이스크림이나 사탕, 과자, 과일 등의 디저트를 내놓으며 아이들이 오랫동안 식탁에 머물도록 유도한다. 그리고 아이가 가슴에 새겨 놓으면 좋을 만한 이야기를 해 주며 자연스럽게 대화를 나눈다.

이러한 전통이 대물림되면서 유태인 자녀들은 자연스럽게 훌륭한 성인으로 자라날 수 있었던 것이다. 이는 세종대왕의 교육 방법과 매우 유사하다. 물론 형식은 다르지만 이 두 가지 방법의 중심에는 공통적으로 재미있는 스토리텔링이 자리 잡고 있다.

세상에 하루아침에 뚝딱 만들어지는 것은 없다. 스토리 역시 마찬가지이다. '스토리텔링'이라는 단어를 거창하게 받아들이는 사람이 있는데, 그것은 결국 사람 사는 이야기일 뿐이다. ==이것을 얼마나 많이 알고 있고, 얼마나 도움이 될 만한 이야기로 만들어 내느냐에 따라 나를 평가하는 수준이 달라진다.==

그렇다고 말을 많이 하라는 것이 아니다. 말을 많이 하는 것과 스토리를 많이 아는 것은 다르다. 가장 중요한 것은 많이 듣는 것이다. 앞서 말한 대로 ==독서 역시 경청의 또 다른 형태이다. 그 안에 나의 내공을 뒷받침해 주고 더욱더 북돋워 주고, 키워 줄 스토리가 가득 담겨 있다.==

누구나 내공을 많이 쌓고 싶어 한다. 어찌 보면 내공은 스펙보다 더 중요하다. 하지만 깊고 넓은 내공은 하루아침에 쌓이지 않는다. 물론 돈으로도 살 수 없다. 필자가 알고 있는 가장 빠르고 효과적인 방법은 꾸준한 독서이다. 상대방이 나의 말에 감동하고, 때로는 뒤로 넘어갈 만큼 크게 웃고, 때로는 함께 울게 만드는 경지에 도달하기 위해서는 뼈를 깎는 아픈 경험도 필요하지만, 그와 더불어 독서를 통한 간접 경험도 필요하다.

시간이 흐를수록 스토리를 통한 감동과 공감, 소통이 점점 더 중요해지고 있다. 책 속의 스토리에 공감하고 소통하는 것은 그 어떤 것보다 중요하다. 어느 위대한 철학자는 독서에 대해 이렇게 말했다.

"책을 읽는 것은 그 시대의 가장 위대한 사람과 대화를 나누는 것과 같다."

> **TIP** 상쾌하고 개운한 소통의 비법 5
>
> 1. 많은 스토리를 알고 있을수록 그 사람은 유식하고 말을 잘하는 사람, 재미있는 사람으로 인정받는다.
> 2. 소통의 필수 요건인 경청은 꾸준한 독서에서 비롯된다.
> 3. 인생을 여러 번 살지 않는 한 우리가 겪을 스토리는 한계가 있다. 소통의 달인이 되기 위해서는 독서와 더불어 많은 경험을 해야 한다. 그것으로 최고의 내공을 쌓을 수 있다. 이러한 습관이 몸 구석구석에 배야 커뮤니케이션 능력이 향상된다.

source 6

 올바른 자세로 커뮤니케이션의
강도를 높여라

　직장인들을 상대로 프레젠테이션 강의를 하거나 쇼호스트 지망생들을 상대로 발표 수업을 진행해 보면 여러 가지 아쉬운 점을 발견할 수 있다. 그중에서도 가장 안타까운 것은 발표할 때의 자세이다. 운동을 할 때도 마찬가지이다. 좋은 자세에서 가장 좋은 결과를 얻을 수 있다.
　여러 번 강조하지만 우리가 무언가에 대해 말하는 동안 상대방은 나의 말보다 커뮤니케이션의 형식이나 내용 등에서 어떠한 문제점이 발견되지 않을까에 더욱 집중한다. 무의식 상태에서 집요하다고 생각될 정도로 그쪽에 포커싱을 하는 것이다. 그래서 아무리 좋은 내용을 발표한다 해도 발표자의 표정이나 음색, 몸짓에서 어색하고 부족한 점이 발견되면 내용과 상관없이 혹독한 평가를 내린다.
　반대로 생각하면 이는 내용이 조금 부실해도 표정이나 음색, 몸짓(이런 것들을 '비언어 랭귀지'라고 한다.) 등이 프로 못지않게 자연스럽고 자신감이 넘치면 의외로 아주 훌륭한 점수를 받을 수 있다는 말이다. 형식이 내용을 지배한다고나 할까? 어쨌든 사람과 사람과의 커뮤니케이션에서는 본질적인 내용보다 주변의 단서나 정보가 더 큰 영향력을 발휘할 때가 많다.

언뜻 이해가 되지 않겠지만 쉽게 상상하면 이렇다. 마트에서 만두 시식을 한다고 생각해 보라. 시식을 권하는 점원이 조인성이나 송승헌을 능가하는 외모의 소유자라면 어떨까? 누구든지 주저하지 않고 시식 코너로 달려갈 것이다. 그리고 좀 더 오래 머물며 외모를 살필 것이다. 이러한 상황에서 만두의 맛은 아무런 영향을 주지 않는다. 오히려 지금까지 먹어 본 만두보다 훨씬 맛있다는 생각이 들 수도 있다. 점원이 외모는 물론 목소리까지 좋다면 그 만두의 판매량은 두고 볼 것도 없다. 분명 대박이 날 것이다. 결론적으로 만두의 매출은 본질적인 만두의 맛과는 상관없이 점원의 외모나 외양, 즉 스타일에 의해 움직일 수 있다.

아주 극단적인 예를 들기는 했지만, 프레젠테이션 상황에서(외모가 훌륭하면 물론 좋겠지만) 내용과 상관없이 자신을 더욱더 돋보이게 만들 수 있는 방법이 있다. 딱히 어떠한 내용이 기억에 남는 것은 아니지만 '그 사람 발표 참 잘하더라.'라는 평가를 받을 수 있는 방법은 좋은 발표 자세와 행동 요령에서 비롯된다.

《비키니 화법》 출간 이후 기업체에서 강의 의뢰가 쏟아졌다. 필자는 여러 차례 강의를 통해 비슷한 내용으로 이야기를 해도 청중들의 반응에 미묘한 차이가 있다는 것을 느꼈다. 자세나 행동을 살짝만 바꿨는데 놀라울 정도로 강의의 집중도가 높아질 때도 있었고, 그 반대인 경우도 있었다.

그렇다면 어떻게 해야 발표를 할 때 사람들을 집중시킬 수 있는지 행동 요령을 소개한다.

1. 한 톤 높은 목소리로 말하라.

평소 사람들이 대화하는 목소리를 음계로 표현하면 대부분 '미'에서 '파' 정도라고 한다. 여러 사람 앞에서 발표할 때는 이보다 더 높은 톤, 즉 '라' 정도의 높이가 좋다. 목소리 톤이 올라가면 말 속도는 자연스럽게 빨라진다. 이러한 사항을 주의하여 목소리 톤을 높이는 것이 중요하다.

반가운 사람을 만나면 목소리 톤이 저절로 높아진다. 누구나 그러한 경험을 해 본 적이 있을 것이다. 우리는 기쁜 일 혹은 축하할 일이 생긴 사람이 있으면 박수를 쳐 준다. 이는 사람이 낼 수 있는 가장 높은 톤의 소리이기 때문이다. 높은 소리를 내며 마음으로 표현할 수 있는 가장 큰 호의를 상대방에게 보여 주는 것이다.

대체적으로 사람을 포함한 동물은 본능적으로 높은 톤으로 기쁜 마음을 표현한다. 반대로 적의를 나타내거나 긴장 상태일 때는 자연스럽게 목소리가 낮게 깔린다. 낯선 사람을 봤을 때 개는 어떤 소리를 낼까? 무조건 낮은 소리로 으르렁거린다. 다른 동물은 물론 사람 역시 마찬가지이다.

따라서 누군가와 대화를 나눌 때는 높은 톤의 목소리를 유지하며 자신의 호의를 표현해야 한다. 그래야만 상대방이 긴장을 풀고 당신의 이야기에 귀를 기울일 것이다.

2. 무대 중앙에 서라.

많은 사람 앞에서 발표를 할 경우, 가장자리보다 중앙에 서는 것이 좋다. 이는 수많은 강의를 통해 얻어 낸 결과이다. 같은 장소에서 한 시간은 가장자리에서, 나머지 시간은 무대 중앙에서 강의를 한 후에 집중도의 차이를 살펴본 적이 있다. 확실히 무대 중앙에서 발표했을 때의 집중도가 높았다.

혹시 중앙에 난간이 있다면 무조건 올라가도록 하라. 조금이라도 높은 곳에 위치해야 집중도를 높일 수 있다.

문제는 발표하는 사람이 중앙으로 갈수록, 높은 곳에 위치할수록 상대방은 위축이 되면서 압박감이 느껴질 수도 있다는 것이다. 하지만 이런 압박감을 주어야 상대방과의 기 싸움에서 이길 수 있다. 기 싸움에서 승리하면 반은 먹고 들어가는 것과 다름없다.

이렇게 무대 중앙을 선점하고 좀 더 높은 곳에서 발표하면 스크린에 띄워 놓은 화면을 보지 못할 수도 있다. 따라서 발표 내용을 꿰뚫고 있어야 한다. 무대 중앙에서 오로지 상대만을 바라보며 화면에 맞춰 발표를 진행할 수 있다면 그것만으로도 엄청난 신뢰감을 심어 줄 수 있다.

3. 될 수 있으면 강단 구석구석을 누벼라.

많은 사람이 하는 결정적 실수 중 하나는 한 자리에 가만히 서서 발표를 하는 것이다. 의식적으로라도 무대를 이리저리 누벼야 발표자 입장에서도, 청중 입장에서도 좋다. 발표자는 몸을 자꾸 움직여 줌으로써 긴장이 풀려 더욱 부드럽게 발표를 진행할 수 있고, 청중은 지루하지 않게 강연을 들을 수 있다.

발표자가 좌우로 움직이면서 액션을 취하면 그것만으로도 신선함을 주고 자연스럽게 집중도를 높일 수 있다. 발표자의 움직임에 따라 청중의 시선이 바뀐다. 이는 청중이 발표자의 작은 액션에도 집중한다는 말이다.

무대 장악력이 뛰어난 카리스마 넘치는 가수는 절대로 무대 한가운데에 가만히 서서 노래를 부르지 않는다. 무대 구석구석을 누비며 관객들과 눈을 맞추고, 심지어는 관객석으로 뛰어들어가 흥을 돋운다. 경직되고 긴장된 분위기가 맴도는 발표장이라면 더욱더 이러한 도전을 해 볼 필요가 있다.

내용에 따라서 무대 위치를 바꿔 가며 발표하고 더욱 과감하게 청중 앞까지 다가가 보라. 나를 보는 눈빛이 호감으로 바뀌는 순간을 온몸으로 느낄 수 있을 것이다.

4. 긴장을 풀어라.

긴장을 하면 어깨가 굳어 훌륭한 자세가 나올 수 없다. 필자는 종종 아마추어 골프대회 중계를 나간다. 그곳에서 평소에는 프로 못지않은 실력을 발휘하는 선수가 카메라만 들이대면 긴장을 해 엉뚱한 실수를 하는 것을 자주 보았다. 이때 스윙하는 것을 자세히 살펴보면 어김없이 어깨에 과도한 힘이 들어가 있다.

멘탈을 강하게 유지하려면 발표 전에 반드시 어깨를 충분히 풀어 주어야 한다. 어떤 책에서 보았는데, 한 회사의 면접에 통과한 어느 회사원은 면접 전에 이런 생각을 했다고 한다. 당신 역시 긴장이 쉽게 풀리지 않으면 이렇게 생각해 보라.

'저 사람들 모두 나와 똑같은 사람이야. 절대 긴장할 필요 없어. 이들 모두 아침에 변을 보다가 팬티에 똥을 묻힌 사람들이야.'

이러한 생각만으로도 마음의 부담을 많이 덜어 낼 수 있다.

또한 어깨에 힘을 빼면 자연스럽게 척추에 힘이 들어가 곧은 자세를 유지할 수 있고, 그로 인해 훨씬 자연스럽고 힘 있는 목소리를 구사할 수 있다. 간혹 짝다리를 하고 있는 사람이 있는데, 이는 스스로를 망치는 자세임을 잊지 말라.

5. 발표자가 왕이라는 생각을 가져라.

뭔가 분위기가 어색해지고 사람들이 당신의 말에 집중하지 않는다면 무조건 앞에 있는 누군가에게 질문을 던져라. 내용은 상관없다.(식사는 하셨어요? 뭐 드셨어요? 오늘 출근길 막히지는 않았나요? 몇 시에 출근하셨어요? 등) 어떤 질문을 하든 질문을 받은 사람은 대답을 하게 되어 있다. 왜? 발표자는 왕이니까.

발표하는 사람을 평가하는 사람일지라도 그 순간만큼은 발표자의 말에 집중하고 경청해야 한다. 따라서 부여받은 권위를 마음껏 이용해도 괜찮다. 발표하는 순간은 오로지 발표자에게 부여된 시간이기 때문에 누구든지 쓸데없는 질문을 했다고 '건방지다', '예의가 없다'는 등의 오해는 하지 않는다. 질문을 하면 자연스럽게 대답을 할 것이고, 그것 하나만으로 분위기를 바꿀 수 있다. 단, 대답을 들은 후에는 자연스럽게 본론으로 되돌아갈 수 있도록 빠르게 연결고리를 찾아야 한다.

어느 회사든지 일방적인 커뮤니케이션을 하는 사람보다 쌍방향으로 커뮤니케이션을 할 수 있는 인재를 중요하게 평가한다. 이것만으로도 그에 준하는 인재로 인정받을 수 있다.

6. 많이 웃어라.

너무나 당연한 말이지만 웃는 얼굴에 침을 뱉을 수는 없다. 또한 높은 톤의 목소리를 내기 위해서는 엄숙하고 근엄한 표정으로는 불가능하다. 지금 당장 실행에 옮겨 보라. 평소에 단 오 분만이라도 거울을 보고 웃는 연습을 하라. 필자도 쇼호스트 초년병 시절에 거울을 보며 어떻게 웃어야 자연스럽고 친근감 있게 보일지 꾸준히 노력했다. 좋은 첫인상은 외모에서 오는 것이 아니라 그 사람의 분위기에서 만들어지는 것임을 잊지 말아야 한다.

같은 운동을 하더라도 자세가 어떠하냐에 따라 그 효과는 극과 극으로 갈린다. 운동에만 국한된 말이 아닌 것은 이제 당신도 잘 알 것이다. 프레젠테이션의 달인들이 효과를 극대화하기 위해 가장 중요하게 생각하는 것은 자세, 액션, 동선, 표정, 목소리이다. 이를 간과하는 사람이 많아 안타까울 때가 많다. 이는 기본 중의 기본임을 절대 잊어서는 안 된다.

> **TIP** 상쾌하고 개운한 소통의 비법 **6**
>
> 1. 상대방은 내가 어떠한 말을 하느냐보다 말하는 형식이나 몸짓, 표정에 더욱 주목한다. 즉 사람과 사람 사이의 커뮤니케이션에서는 본질적인 내용보다 주변부의 단서나 정보가 영향력을 발휘한다.
> 2. 좋은 자세에서 훌륭한 커뮤니케이션 효과가 나온다. 자세나 행동을 살짝만 바꿔 주어도 청중의 집중도가 높아진다.
> 3. 어떤 영역에서든지 달인들의 공통점은 자세가 좋다는 것이다. 커뮤니케이션의 달인이 되고 싶은가? 그들은 무엇보다 자세, 액션, 동선, 표정, 목소리를 중요하게 생각한다는 것을 기억하라.

STEP 3

근력 운동

커뮤니케이션에 붙어 있는 지방을
근육으로 만들어라

STORY

상대방의 마음을
움직이게 만드는
킬링 스피치 스킬을 익혀라

인터넷 검색창에 '말을 잘하는 방법'을 검색해 보았다. '말을 잘하는 방법 50가지'라는 글이 있어 반가운 마음에 클릭했더니 좋은 내용들이 소개되어 있었다. '조리 있게 말하라', '일관성 있게 말하라', '풍부한 예화를 들어가며 말하라' 등 무엇 하나 중요하지 않은 말이 없었다. 여기에 제시된 대로만 한다면 누구든지 말하기의 달인이 될 수 있다. 하지만 현실은 그리 만만하지 않다. 말을 잘하고 싶어 하는 대부분의 사람은 이미 답을 알고 있다. 하지만 그 답을 만들어 내는 방정식은 잘 알지 못한다. 즉 어떻게 해야 조리 있는 말이 되는지, 일관성 있는 말이 되는지, 재미있는 말이 되는지 알지 못한다는 것이다.

'사랑'에 대해 이야기한다고 생각해 보자. 아름다운 사랑에 대해 말하는 것보다 첫사랑에 대해 말하는 것이 훨씬 임팩트 있다. 왜 그런 것일까? 대부분 첫사랑에 대한 아련한 추억을 가지고 있기 때문이다. 많은 사람이 그러한 점을 잘 알기 때문에 아름다운 사랑 이야기보다 첫사랑에 대한 이야기에 더 귀를 기울이는 것이다.

다르게 말하면 '사랑'은 진부하고 식상한 소재일 수 있지만 '첫사랑'은 대화나 소통의 비타민이 될 수 있다. 이것을 주제와 연결해서 말한다면 아주 효과적인, 그야말로 '조리 있는', '재미있는' 말을 만들 수 있다.

다음의 예를 살펴보라.

- 이 이어폰을 귀에 꽂고 거리에 나가면 사람들이 모두 쳐다봐요.
- 많은 사람이 당신을 바라보게 만들고 싶으신 가요? 그렇다면 이 이어폰으로 패션을 완성해 보세요.

- 운동을 하면 스태미너와 지구력이 증가합니다.
- 운동을 하지 않으면 스태미너와 지구력이 감소합니다.

같은 말인데도 맛이 확연히 다르다. 사랑과 첫사랑의 차이까지는 아니더라도 분명 식상함과 신선함의 차이가 있다. 말을 재미있게, 조리 있게, 맛있게 하는 방법은 무에서 유를 창조하는 것이 아니다. 분명히 한 끗 차이이다. 같은 것에 대해 말해도 어떻게 표현하느냐에 따라 커뮤니케이션 효과는 확연하게 달라진다.

이번 장은 커뮤니케이션의 효과를 증폭시키는 스피치 스킬에 대해 다루려 한다. 생각의 사각지대를 밝혀 상대방이 미처 생각하지 못한 욕구를 충족시키는 방법에 대해 알게 될 것이다.

이 책에서 다루는 내용은 누구나 알고 있는 내용일 수 있다. 하지만 이 책에서는 누구나 알고 있는 내용을 더욱 확실하게 내 것으로 만들 수 있는 구체적인 방정식을 제시하고자 한다.

이 장을 읽기 전에 김헌식의 저서 《의외의 선택, 뜻밖의 심리학》에 나오는 말을 소개한다. 꼭 기억하기 바란다.

> 일상 속에서 사람들은 논리나 이성, 언어의 프레임이 아니라 감정, 이미지, 정서의 프레임으로 세상을 바라본다. 따라서 설득에는 감정, 이미지, 정서의 프레임이 더 효과적이다.

이 말을 잘 새기면 이미 스피치 스킬을 향상시킬 수 있는 방정식을 배운 것과 다름없다. 사랑보다 첫사랑이 더 가슴에 와 닿는 이유, 결론을 제시하기보다 궁금증을 유발하는 것이 더 효과적인 이유, 이익보다 손해를 보는 것이 더 관심을 증폭시키는 이유 등 이 모든 것은 우리가 기계가 아닌 사람이기 때문에 설명이 가능하다.

단어 하나로, 말 한마디로 무의식적인 선택과 행동을 이끌어 낼 수 있는 방법을 고민했을 때 비로소 킬링 스킬을 만들어 낼 수 있는 능력이 생긴다. 운동은 내 몸에 맞는 방법을 찾아서 실행에 옮겼을 때 큰 효과를 기대할 수 있지만, 커뮤니케이션은 상대방에게 맞는 소통의 방법을 찾아 실행에 옮겼을 때 큰 효과를 얻을 수 있다. 상대방이 관심을 가질 만한 포인트를 알고 있다면 결과는 이미 정해진 것과 다름없다.

다행히 모든 인간은 짧은 말 한마디로 마음이 요동칠 만한 심리 요소를 지니고 있다. 따라서 모든 사람이 공통적으로 가지고 있는, 흥미를 가질 만한 요소들을 파악하는 것이 가장 시급하다. 그리 어렵지 않다. 꾸준한 훈련이 필요할 뿐이다. 생각보다 어렵지 않은 방법으로 큰 효과를 볼 수 있음을 확신한다.

우리는 똑똑한 사람, 연봉이 높은 사람보다 말을 맛있게 잘할 줄 아는 사람이 더 주목받고, 인정받는 시대에 살고 있다. 따라서 상대방의 마음을 순식간에 움직이게 만들 수 있는 킬링 스피치 스킬은 더더욱 중요하다. 많은 사람이 외모를 가꾸기 위해 상상 이상의 지출은 물론 엄청난 노력을 감내한다. 그와 동시에 커뮤니케이션 스킬을 가꾸는 노력을 병행하면 탁월한 경쟁력을 갖춘 인재로 등극하는 것은 시간문제가 아닐까.

source 1
1, 2, 3으로
스피치의 기본을 다져라

전미옥의 저서《대한민국 20대, 말이 통하는 사람이 돼라》를 보면 이런 내용이 나온다.

- 20대가 생각하는 스펙 5종 : 학점, 자격증, 토익 점수, 해외 연수, 인턴 경험
- 기업이 요구하는 스펙 5종 : 커뮤니케이션 능력, 기획서 등 문서 작성 능력, PT 능력, 대인 관계와 비즈니스 예절, 회사 업무와 관련된 상식

절로 가슴이 답답해지지 않는가. 학점, 토익 점수, 자격증 등은 점수와 연결되어 있기 때문에 노력하면 얼마든지 본인이 원하는 수준으로 끌어낼 수 있다. 하지만 기업이 요구하는 스펙을 보면 이야기가 달라진다. 도대체 어떻게 노력해야 커뮤니케이션 능력을, 문서 작성 능력을, PT 능력을 키울 수 있다는 말인가? 말이 쉽지 행동으로 보여 주기에는, 더구나 나의 능력으로 삼

기에는 참 어렵고 난감하고 추상적이다.

그렇다고 손 놓고 '될 대로 되겠지' 하고 체념할 수도 없는 노릇이다. 어떻게든 전반적인 커뮤니케이션 능력을 키워야 할 텐데 뾰족한 방법이 없을까 고민하는 당신을 위해 커뮤니케이션 능력을 키울 수 있는 아주 간단한 생활 실천 방법을 소개할까 한다. 단, 본인의 꾸준한 노력이 수반되어야, 일상 언어생활에서도 습관처럼 사용해야 진정한 능력으로 자리 잡을 수 있다는 것을 잊어서는 안 된다.

한때 필자가 있던 홈쇼핑 회사에서는 방송에서 상품을 소개한 뒤 마무리할 때면 항상 '○○을 해야 하는 세 가지 이유'를 화면에 내보냈다. 예를 들면 이렇다.

[해남 황토 호박고구마를 사야 하는 세 가지 이유]
  1. 아주 저렴한 가격! 10kg에 39,900원
  2. 전 고객에게 키친아트 냄비 지급
  3. 자동주문전화 2천 원 할인

[블루베리를 선택하는 세 가지 기준]
  1. 야생 블루베리인가?
  2. 캐나다 넘버원 브랜드인가?
  3. 캐나다 완제품 직수입 제품인가?

[좋은 토종꿀을 고르는 세 가지 방법]
  1. 1년에 한 번 채밀한 토종꿀인가?
  2. 농협이 보증하는 꿀인가?
  3. 햇 토종꿀인가?

그리 어려운 방법도 아니다. **첫 번째, 두 번째와 같이 서수를 이용하여 더욱 명확하게 구매 포인트를 전달한 뒤 마무리하는 방법이다.** 누구나 생각할 수 있는 매우 단순한 방법이지만 의외로 이런 커뮤니케이션 기법은 효과가 매우 크다. 주문이 저조하다가도 이 단계를 거치며 주문전화가 급상승하는 경우를 자주 보았다.

하지만 어느 정도 시간이 지나자 방송에서 이러한 전달 방법을 사용하는 사례가 줄어들었다. 이 방송 저 방송에서 따라 하다 보니 신선했던 커뮤니케이션이 식상한 커뮤니케이션이 되고 만 것이다. 이러한 방법을 처음 사용한 사람은 필자가 다니던 회사에서 식품 판매를 담당한 MD(상품 기획자)였다. 생각할수록 아까운 아이디어이다.

하지만 커뮤니케이션을 할 때 서수를 이용하여 말하는 것은 여전히 큰 효력을 가지고 있다. 우선 스스로의 생각을 요약할 수 있는 힘을 키울 수 있고, 무엇보다 메시지를 상대방에게 더욱 명확하게 전달할 수 있다. 또한 상대방으로 하여금 논리적인 사람으로 인식될 수 있다. 논리적인 사람으로 인식되면 커뮤니케이션을 할 때 더욱 강력한 힘을 가질 수 있다. 더욱 구체적으로 설명하도록 하겠다.

1. 신중한 사람이라는 이미지를 만들어 준다.

논리적으로 말한다는 인식을 줌으로써 전문적인 지식을 겸비하고 더불어 신중한 사람이라는 확대 해석을 자연스럽게 심어 줄 수 있다. 결론적으로 말하는 사람의 논리적이고 신중한 품성이 듣는 사람에게 믿음을 줄 수 있다는 것이다.

2. 상대방을 더욱 쉽게 이해시킬 수 있다.

말의 내용이 구체적이고 명확하기 때문에 상대방은 의미를 더욱 뚜렷하게 파악할 수 있다. 서수를 사용해서 내용을 구분하면 자연스럽게 단문 형식의 문장을 구사하게 된다. 나열식으로 지루하게 말하는 것보다 명확하게 구분을 지어 단문으로 전달하면 누구라도 쉽게 이해하고, 오랫동안 기억할 수 있다.

3. 말과 표정에 자신감이 깃든다.

커뮤니케이션을 할 때 우물쭈물하는 모습을 보이거나 자신감 없는 목소리로 말하면 얻을 것보다 잃을 것이 많을 수밖에 없다. 서수를 곁들여 전달하면 말랑말랑한 수필 같은 어투보다 사설 같은 강건한 어투로 말하게 된다. 이는 자연스럽게 표정과도 연결이 된다. 자신감 있는 말과 표정은 상대방에게 믿음직스러운 인상을 심어 줄 수 있다. 특히 여성이라면 그 힘은 더욱 커진다.

문서 작성을 할 때도 마찬가지이다. 학생들의 리포트를 보면 크게 두 가지로 나뉜다. 우선 첫 번째는 제목 하나를 적은 뒤 본문을 길게 나열하는 방식이고, 두 번째는 큰 제목에 부분별·내용별·포인트별로 작은 제목을 붙인 뒤 간단하게 본문을 정리하는 방식이다. 물론 후자의 리포트가 좀 더 애정이 간다. 전자의 리포트보다 내용 파악이 쉽고, 전달력이 강하기 때문에 더 높은 점수를 받을 수밖에 없다.

어디 리포트뿐이겠는가. 취업 준비생들을 괴롭히는 자기소개서 역시 마찬가지이다. 내용이나 본인을 드러내는 아이디어도 중요하지만 그 아이디어들을 서수를 이용하여 일목요연하게 작성하면 좋은 반응을 얻을 수 있다.

많은 스피치 관련 책을 보면, '무엇을 말하든 세 가지로 요약해서 말하라'라는 내용을 어렵지 않게 확인할 수 있다. 사실 내용을 세 가지로 압축하는 생각의 힘과 아이디어도 중요하지만 뚜렷하게 구분한 내용을 어떻게 말하느냐도 상당히 중요하다.

앞서 언급했듯 서수를 이용하여 말하면, 말하는 이의 에토스가 훨씬 강하게 부각된다. 또박또박 말을 하니 자신감이 깃들고, 그로 인해 눈빛이나 표정이 밝고 환하게 변한다. 또한 자신감 있는 톤으로 말을 하니 목소리에 힘이 들어간다. 그러한 모습은 상대방으로 하여금 객관적이고 사심 없는 마음으로 문제에 접근하고 있다는 인상을 심어 줄 수 있다. 대화 속 문장의 어미를 낮고 짧게 그리고 단호하게 마무리해 주면 진지하고 객관적 이미지는 더욱 증폭된다.

결국 이는 신뢰도와 정비례한다. 자신의 장점을 끊임없이 노출하거나 늘어놓지 않더라도 이런 식의 습관으로 인해 자연스럽게 사람들의 마음에 영향을 미칠 수 있고 설득력도 강해지는 것이다.

지금이라도 생활 속에서 실천해 보자. 점심 메뉴를 놓고 직장 동료끼리 혹은 친구끼리 갈등 상황에 놓였을 때 자신이 원하는 메뉴를 먹어야 하는 세 가지 이유를 말해 보라. 십중팔구 군말 없이 당신의 뒤를 따를 것이다. 상대방은 당신의 자신감 넘치고 단호한 말투 때문에, 깔끔하게 끝나는 명쾌한 정의 때문에, '이 친구가 이렇게 신중하고 깊게 생각하는 사람이었나?'라는 생각 때문에 깜짝 놀랄 것이다.

한 번 이러한 이미지를 심어 놓으면 이후에 아주 재미있는 상황이 일어난다. 다시 점심 메뉴를 고민해야 하는 상황에 놓이면 분명 대부분의 시선이 당신에게 향할 것이다.

사랑 고백을 할 때도 마찬가지이다. 여성이든 남성이든 신중하면서도 명

료한 그리고 자신감 넘치는 스피치에 고개를 끄덕일 가능성이 높다. 이는 커뮤니케이션에 불순물이 제거되는 동시에 힘이 생기는 방법이다. 능력 있는 커뮤니케이터는 이렇게 작은 습관에서 탄생한다.

> **TIP** 효과 만점 킬링 스피치 스킬 1
>
> 1. 첫 번째, 두 번째 등 서수를 이용하여 더욱 명확하게 포인트를 전달하면 당신을 바라보는 상대방의 눈빛이 달라질 것이다.
> 2. 논리적이고 자신감 넘치는 어조를 사용해야 상대방에게 강한 신뢰감을 심어 줄 수 있다.
> 3. 짧고 간결하면서도 명쾌한 방법으로 불순물이 제거된 깔끔한 커뮤니케이션을 할 수 있다.

source 2

공통점을 찾아
커뮤니케이션에 활력을 불어넣어라

김제동이 인터뷰를 하여 정리한 책《김제동이 만나러 갑니다》정재승 편을 보면 이런 말이 나온다.

"20세기에는 남보다 1.2배 똑똑하면 더 높은 지위에 오를 수 있었어요. 하지만 이제는 시대가 달라졌죠. 더 똑똑한 것 대신 다른 사람 100명을 설득할 수 있는 능력을 가진 사람이 필요해요. 우리는 자신이 아는 것을 개방하고 공유하고 협동해야만 뭔가 의미 있는 일을 할 수 있는 시대에 살고 있어요."

과학을 전공한 물리학 박사가 이렇게 간결하게 '말'의 중요성을 강조할 줄은 생각지도 못했다. 하긴, 이 세상에서 '말'을 하지 않고 일을 하는 직업이 어디 있겠는가. 그렇다고 말을 잘하면 세상 모든 것을 얻을 수 있다는 착각에 빠져서는 안 된다. 정재승은 '말'이란 지식인이라면 반드시 실천해야 할 덕목 중 한 가지라 말한 것뿐임을 인식해야 한다.

어쨌든 말을 잘하는 것과 더불어 커뮤니케이션을 잘하는 것은 매우 중요하다. 따지고 보면 지식인뿐 아니라 세상을 살아가는 모든 사람이 반드시 갖추어야 할 능력 중 하나가 바로 '말하기'이다. 하지만 지금이 어떤 시대인가? '논리'가 아닌 '감성'을 중요시하고, '사실'보다 무언가 '이야기'를 입힌 내용을 더 쉽게, 오래 기억하는 시대이다 보니 '말하기'를 거북해하고 부담스러워하는 사람도 많다. 지금 이 순간에도 있는 사실을 이야기하기에도 벅찬데, 여기에다 감성까지 곁들여야 하니 생각만 해도 머리가 지끈지끈 아파 오는 사람이 있을 것이다.

그렇다면 이 총체적인 난국을 어떻게 해결해야 할까? 바로 본론으로 들어가겠다. 상대방과 내가 가지고 있는 공통점 혹은 특징을 찾아 주제로 연결하면 아주 재미있고 맛있는 말을 만들 수 있다.

재테크 관련 방송 준비 때문에 인터넷 검색을 하고 이런저런 자료를 들춰 보다가 아주 재미있는 이야기를 발견했다. 의미를 잘 생각하며 읽어 보기 바란다.

[재테크와 다이어트의 공통점]

1. 인풋과 아웃풋을 제대로 관리해야 한다.(다이어트는 들어오는 칼로리와 나가는 칼로리를 잘 계산해야 하고, 재테크는 들어오는 돈과 나가는 돈을 잘 관리해야 한다.)
2. 허리띠를 졸라매야 한다.
3. 한 가지 방법에 '올인'하면 결국 망한다.
4. 구체적인 계획을 세워야 한다.
5. 누구나 쉽게 도전하지만 대부분 실패한다.

한 문장 한 문장 이해가 잘 가지 않는가. 대부분의 사람은 재테크나 다이어트에 관심이 많다. 굳이 둘 중 하나를 선택하라면 재테크보다 다이어트에 관심을 갖는 사람이 더 많을 것이다. 따라서 다이어트를 언급하여 관심을 끌고 재테크에 대해 이야기하며 마무리해 주면 아주 실감나면서도 맛깔스럽게 커뮤니케이션을 할 수 있다.

"재테크는 다이어트와 같습니다. 누구나 시도하지만 대부분 실패하니까요. 재테크든 다이어트든 성공의 열쇠는 딱 하나입니다. 좋은 습관이죠. 월 5만 원만 저축하는 습관을 들이세요. 다이어트 성공보다 몇 배나 큰 기쁨을 가져다줄 것입니다."

"'복리'는 '야식'과 같습니다. 시작할 때는 잘 모르지만 나중에 보면 걷잡을 수 없을 정도로 큰 차이가 나거든요. 야식은 멀리하되, 복리는 꼭 잡으세요."

재테크 같은 지극히 이성적인 소재라 하더라도 다이어트 같은 감성 소재로 공통점을 찾아 전달하면 더욱 강력하고 효과적인 커뮤니케이션을 할 수 있다. 이렇게 ==주제와 전혀 상관없어 보이는 이야기로 관심을 끌어내고 공통점을 찾아내 주제로 이끌어 내면 상대방은 주제의 핵심을 바로 이해하고 나아가 마음까지 연다.==
다이어트가 가지고 있는 특징을 이용해 무수히 많은 말을 만들어 낼 수 있다. 몇 가지 예를 들어 보겠다.

- 공부는 다이어트이다.
- 나는 다이어트하듯이 취업 준비를 했다.

모두 말이 된다. 왜? 누구나 극복하고 성공해야 할 과제이고, 모두 피나는 노력이 필요한 것이니까. 또 성공할수록 찬사가 쏟아지니까. 어디에서 이런 기사나 제목을 보게 된다면 당연히 다음 내용을 궁금해할 것이다. 이렇게 관계가 없을 것 같은 키워드에서 공통점을 찾을 수만 있다면, 강력한 커뮤니케이션 효과를 낼 수 있다.

물론 처음에는 쉽지 않다. 하지만 ==하루아침에 말을 잘할 수 있는 방법은 세상 어디에도 없다. 꾸준히 연습하고, 시도하고, 자유롭게 상상하다 보면 스스로 놀랄 정도의 경지에 오를 수 있다.==

아직까지 뭔가 느낌이 오지 않는다고? 그런 독자들을 위해 조금 더 설명하도록 하겠다. 취업을 할 때 '면접'은 말로 표현할 수 없을 정도로 중요하다. 이 사실을 모르는 사람은 없을 것이다. 면접을 보기 위해서는 '자기소개'를 준비해야 한다.

30세의 나이에 쇼호스트에 도전한 사람이 있었다. 필자는 30세라는 나이가 쇼호스트를 하기에 늦은 것이 아니라 오히려 적절하다고 생각한다. 하지만 그는 자신의 나이가 상당히 큰 부담이라고 말했다. 나이를 자신의 장점으로 승화시킬 수 있다면 더할 나위 없이 좋겠지만, 말이 쉽지 이것을 어떻게 장점으로 바꿀 수 있을까?

남다른 자기소개를 하기 위해 끙끙대고 있는 이 친구가 하도 안쓰러워 함께 방법을 찾기 시작했다. 이런 상황에서는 '30'과 관련된 것들을 무작정 생각하고 찾아보는 것이 중요하다. 그 과정에서 '30'과 관련한 흥미 있는 이야기를 찾아냈다. 그리고 그는 그 내용을 바탕으로 면접 장소에서 이렇게 말했다.

"베토벤은 30세 때 '월광소나타'를 만들었습니다. 올해 제 나이는 서른입니다. 훌륭한 쇼호스트가 되는 길이 쉽지만은 않겠지만, 베토벤이 서른 살 때 노력했던 것처럼, 이곳에서 제 자신을 '월광소나타' 못지않은 작품으로 만들고 싶습니다."

처음에는 단순하게 '30'이라는 숫자로만 출발했지만 생각을 점점 더 확장시켜 '다른 사람들은 서른 살 때 무엇을 했을까?'라는 질문을 던지니 기가 막힌 답이 나온 것이다. 위의 예를 '쇼호스트'라는 직업이 아닌 그 어떤 직업에 대입시켜도 말이 된다. 지금 당장 바로 '나이별 기록'을 검색해 보라. 지금껏 생각지 못한 좋은 표현을 얼마든지 만들 수 있으리라 장담한다.

말 나온 김에 한 가지 더! 필자의 강의를 듣는 학생 중에 어린이 보험 프레젠테이션을 준비하는 친구가 있었다. 그런데 이 친구가 엄마들의 귀를 사로잡을 만한 이야기가 영 떠오르지 않는다며 필자에게 도움을 요청했다. 보험 업계 전문 용어로는 '니즈(Needs) 환기'라고 하는데, 사실 보장 내용보다 적절한 '니즈 환기'가 소비자에게 보험을 소개하는 데 더 효과적일 수 있다. 필자는 그에게 앞서 거론한 '이야기 고안 방법'에 대해 말해 주었다. 하지만 그는 눈만 멀뚱멀뚱 뜨고 있을 뿐 영 방향을 잡지 못하는 눈치였다. 그래서 그날 아침에 무심코 '신형 자동차가 쏟아진다'는 신문기사를 읽다가 안전성과 유지비, 경제성이라는 단어를 본 것이 기억이 나 한마디 훈수를 두었다.

필자 : 자, 한 번 생각해 보자. 엄마들이 어린이 보험을 생각할 때 가장 먼저 무엇을 생각할까?

학생 : 그야 무슨 일이 생겨도 안전하고 튼튼하게 보장해 주면서 보험료가 저렴한 것을 생각하지 않겠어요?

필자 : 그럼 우리 주위에 안전하고 튼튼하면서 경제적이어야 하는 게 뭐가 있을까?

학생 : 집? 남자 친구? 아니면 자동차?

필자 : 글쎄, 남자 친구나 남편은 나를 안전하게 지켜 주고 튼튼하면 좋겠지만, 경제적인 것은 좀 그렇지 않을까? 자동차가 좋겠다. 이건 어떻겠니?

그리고 필자는 목소리를 가다듬고 이렇게 말했다.

필자 : 요즘 정말 좋은 자동차가 많이 나오더군요. 예쁜 모양에 튼튼하고, 안전장치도 충분하고, 유지비까지 적게 드는 자동차라면 정말 욕심이 나죠. 아이 보험도 그래야 합니다. 세상에서 가장 귀한 우리 아이를 안전하고 튼튼하게 지켜 주는 것은 물론, 보험료 부담까지 적으면 정말 욕심이 나지 않겠어요? 이 보험이 바로 그렇습니다. 여러분, 욕심내세요. 아이를 위해 이 보험을 준비해 두면 엄마의 마음은 한결 편해질 것입니다.

많은 사람이 좋아하는 '개그 콘서트' 같은 프로그램을 보면 전혀 상관없는 두 개의 소재에서 공통점을 찾아 폭소를 자아내는 말이 많이 나온다. 당신이 이런 식의 말을 자유자재로 구사할 수 있다면 당신도 모르는 사이에 주위 사람들로부터 스피치의 고수로 인정받을 것이다. 사람들은 일단 당신의 아이디어에 놀라고 그 능력을 인정한다. 그리고 그 말을 오래오래 기억해 준다.

다른 사람을 설득할 수 있는 인재가 세상을 이끌어 간다고 한다. 그 말에 전적으로 동의한다. 하지만 무작정 설득하려고 애쓰기 전에 더욱더 확실한 느낌을 주면서 이해하기 쉬운 말로 내용을 전달하는 능력을 기르는 것이 우선시되어야 한다. 그러한 능력이 쌓이다 보면 설득은 자연스럽게 따라온다. 똑똑한 사람도 훌륭하지만 재치 있는 커뮤니케이터는 더욱더 큰 인정을 받을 수 있다.

> **TIP** 효과 만점 킬링 스피치 스킬 2
>
> 1. 전혀 상관없는 두 개의 소재에서 공통점을 찾는 연습을 하라.
> 2. 인터넷 검색 등 조금만 시간을 들이면 어렵지 않게 여러 요소의 공통점을 발견할 수 있다. 강력한 효과를 원한다면 지금이라도 꾸준히 검색하고 스크랩하라. 언젠가는 커뮤니케이션 고수로 등극시켜 주는 필살기가 될 것이다.
> 3. 말하고자 하는 주제를 바로 거론하는 것보다 상관없어 보이는 소재의 공통점을 언급하며 운을 떼면 상대방의 머릿속에 강력한 느낌을 전달해 줄 수 있다.

source 3

이미지가 바로 떠오르게 이야기하라

오늘따라 유난히 파스타가 먹고 싶어 집 근처에 있는 파스타 전문점을 찾았더니 나란히 있는 두 군데의 파스타 가게 앞에 손님을 유혹하기 위한 포스터가 붙어 있다. 당신이라면 어느 파스타 가게로 들어갈 것인가.

A식당 : 토마토소스 조개 파스타
B식당 : 손으로 빚은 면발, 쫄깃쫄깃한 조갯살, 매일 아침 주방장이 직접 갈아 만든 토마토소스! 환상의 파스타를 맛보세요.

A식당보다 B식당을 선택하는 사람이 많을 것이다. 당장이 아니더라도 이후에 파스타가 생각나면 B식당을 떠올릴 확률이 높다. 이는 나이토 요시히토의 저서 《51인의 심리학자, 이기는 화술을 말하다》에 나오는 이야기를 각색한 것인데, 여기에서 중요한 스피치 포인트는 ==같은 내용을 말하더라도 듣==

==는 사람에게 얼마나 선명하고 효과적으로 내용을 전달할 수 있느냐== 하는 것이다.

물론 맛의 미묘한 차이는 있을지라도 A와 B식당은 똑같은 메뉴를 광고하고 있다. 하지만 전자가 단순하게 파스타를 소개한 것이라면 후자는 먹음직스러운 파스타의 이미지가 떠오르도록 생생하게 소개했다. 심지어 파스타 향까지 나는 것 같지 않은가? 정말 파스타가 먹고 싶을 때 김이 모락모락 나면서 감칠맛 나는 소스를 뿌린 파스타가 짠 하고 머릿속에 그려진다면 가격에 상관없이 바로 B식당으로 들어갈 수밖에 없을 것이다.

미국 밴더빌트 대학의 제니퍼 에스칼라스 교수는 다양한 광고를 분석한 결과, 고객이 제품의 이미지를 선명하게 떠올리기 쉽도록 만든 광고일수록 매출이 크게 늘어난다는 사실을 알아냈다.

팔고자 하는 상품에 정보를 담아 표현하는 것이 아니라 상품에 대한 이미지를 심어 주면 예상외의 효과를 거둘 수 있다. 더불어 ==짧은 표현으로 선명한 이미지를 심어 줄 수 있다면 더욱더 강한 커뮤니케이션 효과를 볼 수 있다.==

홈쇼핑에서 식품을 판매할 때 항상 시식을 한다. 시식을 하는 쇼호스트의 얼굴이 클로즈업되면서 표정이 그대로 드러난다. 그리고 시식을 한 후의 느낌을 표현하는데, 이때가 식품 방송의 매출을 좌지우지하는 중요한 순간이다.

누구든지 시식을 할 때는 세상에서 가장 맛있는 음식을 먹은 듯한 표정을 짓는다. 자신이 광고하는 식품을 시식하는데 누가 맛없다는 티를 팍팍 내겠는가? 모두 똑같이 맛있게 먹지만 그 이후에 음식을 먹은 소감을 말할 때는 제각각이다. 앞서 언급한 이미지 언어의 효과를 아는 쇼호스트라면 절대 "아! 정말 맛있네요!" 정도의 평범한 코멘트는 하지 않을 것이다. 책을 통해 '이미지 언어의 효과'에 대해 알게 된 바로 다음 날, 만두 판매를 맡게 되었다. 필자는 만두를 시식한 후에 어떤 말을 할까 고민했다. 순간 이런 생각들이 머릿속에서 둥둥 떠다녔다.

'만두의 맛을 한마디로 표현해야 해.'
'정성을 다해 만든 만두의 이미지를 담아야 해.'
'맛있는 만두를 먹었을 때의 기쁨과 환희를 이미지로 보여 줘야 해.'

방송이 시작되자 필자는 만두에 대한 기본적인 정보를 설명한 후에 시식을 하고 미리 준비한 말들을 쏟아 냈다.

"만두가 입 안에서 왈츠를 취요."
"만두가 입 안에 들어오는 순간 입 속에서 불꽃 축제가 일어나요."
"입 안에서 만두에 들어간 재료의 여러 맛이 어우러지는 게 마치 울긋불긋한 오대산 단풍을 보는 것 같아요."

필자가 한마디 한마디 내뱉을 때마다 함께 방송을 한 동료 쇼호스트는 물론, 게스트들도 파안대소를 했다. 그도 그럴 것이 누가 만두를 먹고 나서 왈츠를, 단풍을, 불꽃 축제를 떠올리겠는가? 하지만 누구나 왈츠의 우아하고 화려한 느낌, 단풍의 아름다움, 불꽃 축제의 환희를 마음속에 뚜렷한 이미지로 가지고 있다.

이렇게 누구에게나 마음속에 있는 또렷한 이미지를 만두를 먹었을 때의 느낌과 연결해서 표현했더니 호감을 불러일으키게 된 것이다. 결국 이 만두 방송은 방송이 끝나기 전에 매진이 되었다. 논리적으로 따지고 들면 말도 안 되는 이야기이다. 그러나 우리의 일상에서는 이렇게 비논리적이지만 순간적인 연상 작용이나 즉흥적인 감정 작용이 커뮤니케이션에 엄청난 영향력을 행사할 때가 많다.

결국 맛이든 촉감이든 시각이든 후각이든 청각이든 이런 감각들을 사람들이 익히 경험하고 기억할 만한 이미지와 연결해서 표현할 수 있다면 남다를 언어술사가 될 수 있다.

김헌식의 저서 《의외의 선택, 뜻밖의 심리학》을 보면 감각에 대한 이미지가 얼마나 중요한지 잘 소개되어 있다.

> 소비자들이 물건을 만지거나 또는 만지지 못한 상태에서 물건을 샀을 때, 만질 수 있었던 그룹은 그렇지 않은 그룹보다 더 많은 물건을 샀다.

결국 소비자가 직접 상품을 만지거나 느낄 수 없는 환경이라도 그 상품에 대한 촉감이나 감각 등을 소비자가 어떻게 공감하느냐에 따라 판매량은 천양지차를 보일 수 있다는 것이다. 오감을 이미지화할 수 있다면, 더 쉽게 말해 오감을 보여 줄 수 있고 상대방이 그 이미지에 공감할 수 있다면 이미 당신은 스피치 귀재의 경지까지 올랐다고 할 수 있다.

- 꽁치 한 마리 1,500원
- 머리가 좋아지는 꽁치 1,500원

두 개의 문장에서 어떠한 차이가 느껴진다면 지금부터라도 본인의 표현 방법을 바꾸는 것이 좋다. 언제나 항상 이미지를 떠올릴 수 있게 표현하는 것이 최상이다.

사람들은 이미지의 차이에 따라 다른 선택을 한다. 인간은 이미지에 의해 움직이는 존재이기 때문이다. 어떻게 보면 하나라도 더 판매하기 위한 얄팍한 상술로 보일 수도 있지만 그보다 상대와 공감할 수 있는 방법을 연구하는 고차원적인 커뮤니케이션 연구를 생활 속에서 실천하는 것이라 할 수 있다. 상대가 공감하지 않는 이미지는 아무런 효과도 거둘 수 없기 때문이다.

입사한 지 얼마 되지 않는 후배 쇼호스트가 만두 방송을 앞두고 고민에 빠져 있었다. 이유를 물어보니 전에 식품 방송 때 시식을 했는데 경험이 없어서 그런지 어색하다고 선배와 PD에게 혼이 났다는 것이었다. 풀이 죽어 있는 후배에게 시식을 한 후 어떻게 말해야 하는지 살짝 귀띔해 주었다.

"어차피 먹는 거야 맛있게 먹을 테고. 그 다음 네가 느끼는 맛을 시청자가 바로 그림을 그릴 수 있도록 표현해 봐. 시청자가 선명하게 맛에 대한 이미지를 그릴 수 있고 공감한다면 모두 너에 대해서 다르게 평가할 거야."

고개를 끄덕이며 사무실에 돌아가 종이에 한참 무언가를 끄적이던 후배는 그날 만두 방송에서 이런 말을 했다. 만두에 대한 이미지가 선명하게 그려지는지 그리고 그 이미지에 대해 공감이 잘되는지 평가해 보라. 함께 방송한 동료 스태프들의 평가는 아주 좋았다.

"만두가 제 입에 들어오는 순간, 와이프를 처음 만났을 때처럼 눈이 번쩍였어요. 첫맛에 완전히 반했습니다. 만두에서 후광이 번쩍! 첫맛에 완전히 빠져 버렸습니다."

몸의 근육이 크다고 아름답지는 않다. 다만 그 근육이 선명하면 사람들은 감탄을 쏟아 낸다. 우리의 말도 이와 다르지 않다. **나의 말이 뚜렷한 이**

미지로 전달될 수 있다면 그 표현도 아름다워질 뿐 아니라 효과 역시 아름다울 것이다.

 효과 만점 킬링 스피치 스킬 3

1. 제품의 이미지를 선명하게 떠올리기 쉽도록 만든 광고일수록 매출이 크게 늘어난다.
2. 맛이든 촉감이든 시각이든 후각이든 청각이든 이런 감각들을 사람들이 익히 경험하고 기억할 만한 이미지와 연결해서 표현한다면 남다른 언어술사가 될 수 있다.
3. 우리의 일상에서는 비논리적이지만 순간적인 연상 작용이나 즉흥적인 감정 작용이 커뮤니케이션에 엄청난 영향력을 행사할 때가 많다.

source 4

간결할수록
커뮤니케이션 효과가 커진다

  한 커피 회사에서 획기적인 커피 드립 방식과 그동안 접하지 못한 고급 원두를 사용해 신상품을 선보였다. 야심차게 준비한 만큼 큰 기대를 안고 홍보했지만 매출은 지지부진했고, 얼마 되지 않아 상품 판매를 접어야 하는 위기까지 왔다. 하지만 배우 원빈과 신민아를 모델로 기용하면서 상황은 급반전되었다. 그들은 광고에서 이런 멘트를 날렸다.

  "네가 그냥 커피라면 이 사람은 T.O.P야!"

  이로 인해 매출은 세 배 이상 뛰었고, 시장 점유율 35%, 한 해 누적 판매 4천만 병이라는 엄청난 기록을 세우며 커피 시장을 뒤흔들었다.

  광고를 접한 사람은 우선 원빈과 신민아를 보며 무의식적으로 그들이 지니고 있는 이미지를 떠올렸을 것이다. 그들의 이미지를 말이나 글로 표현하는 것은 상당히 어렵다. "어쩜 저렇게 멋있고, 예쁠 수 있을까?" 정도는 공감하겠지만 이 정도로는 어림도 없다.

대부분의 사람이 이런 감정을 가지고 있는데 느닷없이 원빈이 나타나 이름 모를 예쁜 여성에게 T.O.P를 신민아 같은 커피라고 표현하니 어찌 그 맛이 궁금하지 않겠는가. T.O.P는 대체 뭘까? '신민아 같은 커피라면 맛이나 향이 다르지 않을까.'라는 생각도 든다. 이뿐만이 아니다. 원빈이 신민아의 볼에 뽀뽀를 할 때는 일반 커피, 입술에 키스를 할 때는 T.O.P라고 표현했다. 이렇듯 은유를 통한 비교 메시지를 통해 커피에 대한 이미지를 확실하게 각인시켰다.

'A는 B다'의 은유적 표현도 세련된 표현 방법이지만, 위 광고에서 더욱 돋보였던 점은 크게 세 가지이다.

1. 오감을 활용한 메시지

기존에 일반인이 가지고 있던 두 연예인의 이미지를 활용했다는 점이다. '신민아 같은 커피' 하면 '신민아'라는 존재에 대한 이미지가 그대로 커피에 적용된다. 기존에 잘 알지 못한 커피였지만 '신민아'의 이미지가 프레임되면서 자연스럽게 호감이 생기는 것이다. 뭔가 신비롭고, 화려하면서 순수한 듯한 아름다운 이미지가 떠오르지 않는가. 더구나 '신민아'를 지칭한 존재는 '원빈'이다. 따라서 '원빈' 이미지의 프레임이 겹치며 커피에 대한 호감이 극대화 될 수 있었다.

또한 볼에 하는 뽀뽀와 입술에 하는 키스를 통해 촉각 감각을 이용한 메시지로 좋은 반응을 얻기도 했다. 이렇듯 오감을 이용한 간결한 은유 표현은 누구나 과거 감각 경험이 추상적인 이미지로 마음속에 남아 있기 때문에 쉽고 빠르게 공감할 수 있다.

2. 비교를 통한 메시지 구성

"네가 일반 커피라면 이 사람은 T.O.P야"라는 비교는 두 존재에 대한 이미지가 확실하게 구별되고 대비될 수 있는 좋은 표현이다. 소비자는 자연스럽게 흥미를 갖게 되고, 회사는 자연스럽게 브랜드의 인지도를 높일 수 있는 방법이다.

이 광고에는 더욱더 자연스럽고 극적인 효과도 있다. 이 광고는 신민아와 다른 한 여성 모델의 시각적인 이미지 비교를 통해 상품을 부각시켰다. 소비자들의 머릿속에는 T.O.P는 신민아, 일반 커피는 잘 알지 못하는 여성 모델의 이미지가 형성된다. 그러면서 두 존재의 이미지 차이가 더욱 극대화되는 것이다. 이미 친숙한 신민아의 기존 프레임이나 이미지에 비해 잘 알려지지 않은 여성 모델의 프레임이나 이미지는 더욱 낯설게 느껴지는 효과가 난다. 그러면서 일반 커피보다 T.O.P가 더욱 매력적으로 보이게 하는 효과를 드러낸 것이다.

개인적인 생각으로는 이때 등장한 여자 모델의 외모도 상당히 훌륭했는데, '일반 커피'라는 프레임에 걸려 훌륭한 이미지가 전혀 빛을 보지 못한 것 같다. 그리고 한동안은 그 프레임에서 벗어나기 위해서 적지 않은 노력을 해야 할지도 모른다. 이를 통해 무의식이 만들어 낸 이미지가 얼마나 무서운 영향력을 행사하는지 알 수 있을 것이다.

3. 은유 표현의 간결함

이 광고의 카피에는 재료나 가격, 향이나 맛에 대한 제품의 본질적인 이야기가 조금도 등장하지 않는다. 그럼에도 불구하고 한마디의 간결한 비교 은유로 사람들의 가슴에 불을 지를 수 있다니 정말 대단하지 않은가. 기존에 사람마다 가지고 있는 개념이나 감각들을 단 한마디의 표현으로 불러와 공감할 수 있게 하는 힘이 바로 은유 표현의 특징이자 장점이다.

필자도 이 광고에 정신이 팔려 한동안 이 커피를 입에 달고 살았다. 왠지 모르게 다른 커피보다 훨씬 고급스러운 향과 맛이 온몸을 휘감는 것 같은 기분이 들었던 것은 좋은 재료를 썼기 때문인지 아니면 광고 모델의 이미지 때문이었는지 모르겠지만 결론적으로 이 광고는 매우 훌륭했다.

방법을 알았으니 이제는 제대로 활용할 일만 남았다. 단, 적절하기만 하다면 아주 기발한 표현이 될 수 있지만 지나치게 개인적인 관점에서만 보면 억지스러워 보일 수도 있으니 유의하기 바란다.

다음은 필자가 홈쇼핑에서 샴푸를 판매했을 때 사용한 표현들이다. 억지스러운지 재치 있는 표현이었는지는 직접 판단해 보기 바란다.

"지금까지 사용한 샴푸가 흑백 TV였다면, 이 샴푸는 고화질 3D 입체 TV입니다. 격이 다릅니다. 격이 다른 선택을 하세요. 모발의 격이 달라질 것입니다."

"여러분이 지금껏 사용한 샴푸와 이 샴푸가 어떻게 다르냐고요? 뽀뽀와 키스의 차이라고 생각하시면 됩니다. 말로 표현하지 않아도 잘 아시겠죠? 이 샴푸를 사용해 보시면 오랫동안 감동과 여운이 남습니다."

"선풍기가 아무리 시원해 봐야 에어컨을 따라가지 못합니다. 가격 자체도 다르고 비교가 안 되죠. 이 샴푸가 에어컨이라면 다른 샴푸는 선풍기입니다. 한방 성분의 차이가 엄청나거든요. 비교 자체가 부끄러운 명품 샴푸를 여러분께 소개합니다."

일단 자신이 판매하는 상품은 확실히 무언가가 다르다는 이미지를 심어 주어야 한다. 의식으로 다가가는 제품의 장점보다 무의식이 주는 이미지가 더욱 강렬하기 때문이다.

필자가 홈쇼핑에서 상품을 판매했을 때 사용한 표현 몇 개를 소개해 보겠다.

"지금까지의 영어가 짙은 안개 속이었다면 이제부터의 영어는 비 개인 오후입니다. 아주 뚜렷합니다. 그래서 확실합니다. 여러분들은 머리에 우겨 넣는 영어가 아니라 자연스럽게 머리에 스며드는 영어를 만나게 될 것입니다. 많은 엄마가 이제야 확실한 방법을 찾았다며 참 좋아하시더라고요."

"나폴레옹은 전쟁터에서도 책을 읽었습니다. 빌 게이츠도 컴퓨터보다 책을 더 사랑합니다. 큰 인물들의 손에는 반드시 책이 쥐어져 있었습니다. 아이의 손에 재미있는 책을 쥐어 주세요. 빌 게이츠처럼, 나폴레옹처럼 그릇이 큰 아이로 성장하게 될 것입니다."

은유를 통한 메시지는 이렇게 상품을 표현할 때는 물론 자기소개를 할 때도 강력한 위력을 발휘한다. "나는 ○○입니다."라는 말을 던지면 누구나 호기심을 갖고 뒤에 이어질 말을 기다린다. 그런데 오감을 이용한 감각적 표현을 사용하면 더욱 빛을 발하게 된다. 독창적인 아이디어로 본인만의 타이틀을 만들면 상대방의 마음을 더욱 쉽게 사로잡을 수 있다. 그 누구든 상대방의 첫마디는 기다려 주고 들어준다. 그때가 기회이다. 반드시 그 기회를 잡아야 한다.

쉬운 작업은 아니지만 무엇이든 이유가 타당한 'A는 B이다'를 완성할 수 있다면 더할 나위 없는 효과 만점의 커뮤니케이션 킬링 스킬이 될 수 있다. 여기서 A와 B가 보통의 상식으로는 전혀 연관되지 않는 존재여서 상대방이 의아하게 생각하면 기대 이상의 효과를 얻을 수도 있다. 이 스킬은 봄날에 활짝 핀 벚꽃이다. 누가 봐도 감탄하고 폭 빠져들 것이 분명하니 말이다.

> **TIP** 효과 만점 킬링 스피치 스킬 4
>
> 1. 무엇이든 이유가 타당한 'A는 B이다'를 완성하라. 이는 간결하면서도 오감을 자극해 무궁무진한 상상력을 만들어 준다.
> 2. '저것이 A라면 이것은 B이다.' 식의 비교 메시지는 누구나 쉽게 만들 수 있고 훌륭한 커뮤니케이션 효과를 낼 수 있다. 특히 A와 B의 속성이 뚜렷하게 즉흥적으로 구별될 수 있다면 더욱더 좋은 효과를 볼 수 있다.
> 3. 단 한마디의 말로 어떤 논리나 이론으로도 충족하지 못하는 커뮤니케이션을 완성할 수 있다. 말은 간결할수록 좋고 그 짧은 말이 주는 이미지가 선명할수록 그 말의 무게는 더해진다.

source 5

그 어떤 말도 긍정 언어를 이길 수 없다

　화술을 비롯한 자기계발서에 반드시 언급되는 단어가 있다. 그것은 바로 '긍정'이다. 의욕과 에너지가 넘치고 언제나 밝은 얼굴을 유지하기 위해서는 긍정적인 마인드가 필수이다. 선천적으로 타고난 긍정인은 없다. 하지만 후천적으로 얼마든지 기운이 솟구치는 '왕 긍정형 인간'으로 거듭날 수 있다. 방법은 아주 간단하다. 긍정적으로 말하는 습관을 기르면 된다. 그렇다면 우리는 왜 긍정적인 인간이 되어야 하는 것일까? 긍정이야말로 자신이 꿈꾸는 성공을 향해 힘 있게 나아가고 가속도를 붙일 수 있는 가장 연비가 높은 연료이기 때문이다.

　말의 힘을 잘 아는 의사가 있었다. 그는 한 환자에게 다른 처방은 내리지 않고 적어도 하루에 한 번씩 이렇게 말하도록 권했다.

　"나의 몸 구석구석이 매일 좋아지고 있어."

　시간이 지나자 그 환자는 놀랍게도 다른 환자들보다 훨씬 빠른 회복세를 보였다.

  간절한 마음으로 무언가를 끊임없이 말하면 우리는 그 말을 이루기 위해 무의식적으로 노력한다. 아메리카 인디언들이 좋아하는 말에 이런 것이 있다.

'당신이 생각한 말을 만 번 이상 반복하면 당신은 그 사람이 된다.'

조엘 오스틴의 저서《긍정의 힘》에 이런 말이 나온다.

"나는 소중한 존재야. 나는 사랑받고 있어. 나는 뭘 하든 번영하고 성공할 거야. 멋진 미래가 나를 기다리고 있어!" 이런 긍정적인 말을 하면 오래지 않아 한층 더 큰 번영과 성공, 승리를 맛보게 된다. 말에는 정말 강한 힘이 있다.

  매우 부정적인 말을 매우 긍정적인 말로 표현하는 것이 고급 영어라고 한다. 예를 들면 '나쁘다(bad)' 대신 '좋지 않다(not good)', '촌스럽다(not charming)' 대신 '집에 있는 것처럼 편안한 느낌을 준다(homely)', '할 수 없다(cannot)' 대신 '해 보겠다(try)'와 같은 형식이다. 같은 말도 어떻게 표현하느냐에 따라 다른 느낌을 준다는 것을 확인할 수 있을 것이다. 한 나라의 문명화 정도는 국민들의 표현 방식이 얼마나 긍정적이냐에 따라 결정된다. 배움이 적고 소득 수준이 낮을수록 긍정적인 표현보다 부정적인 표현을 더 많이 사용한다고 한다.

  이정숙의 저서《한국형 대화의 기술》중 '말 잘해서 성공한 사람들의 10가지 습관' 부분에 이런 말이 나온다.

긍정적인 말은 긍정적인 태도를 낳고 긍정적인 결과를 가져온다. 긍정적인 사고방식은 어려운 일도 긍정적으로 풀어갈 수 있도록 해 주는 원동력이다. 긍정적인 사고방식은 바로 긍정적인 표현을 생활화할 때 정립된다.

기업에는 언제든지 위기 상황이 닥칠 수 있다. 이때 CEO에게 필요한 것은 자신감을 보여 주는 카리스마 넘치는 스피치이다. 유능한 CEO는 긍정적인 표현을 사용할 줄 안다. 133척의 일본 함대 앞에서도 기죽지 않고 "우리에게는 아직 12척의 배가 있습니다."라고 말한 이순신 장군의 말에 부하들은 바다까지 내려간 자신감을 회복할 수 있었다. 만약 이순신 장군이 "우리 앞에 133척의 일본 함대가 있습니다. 하지만 우리에게는 겨우 12척의 배가 있을 뿐입니다."라고 말했다면 어떤 결과가 나타났을까?

이은성의 저서 《마음을 사로잡는 파워 스피치》에 이런 말이 나온다. 가슴속에 새겨 두면 좋을 만한 문장이다.

기업이 위기에 직면해 있더라도 직원들 앞에 서서 늠름한 태도를 취하라. 자신감 있고 긍정적인 스피치는 기업에 활력을 주고 위기를 희망으로 탈바꿈시킨다.

말이 쉽지 빡빡한 현실에서 언제나 긍정적으로 살기는 쉽지 않다. 오히려 하루라도 울컥하지 않고 편안하게 넘어갔으면 좋겠다고 생각하는 사람도 많을 것이다. 이런 혹독한 현실에서도 긍정 언어와 긍정 에너지를 마음껏 쏟아 내는 한 연예인을 소개할까 한다. 연예계에서의 경쟁과 스트레스는 우리가 생각하는 것 이상으로 비정하고 고통스러울 수 있다. 대중에게 많은 사랑을 받지만 한편으로 고독과 외로움에 몸부림치는 사람도 많다.

필자가 소개하고자 하는 이 사람 역시 방송에서 비춰지는 모습과 실제 모습이 다를 수도 있지만 그 사람의 어투를 보았을 때는 분명 긍정적인 면이 많을 것이라 생각한다. 말이나 행동은 그 사람의 뇌에서 나오는 것이기 때문에 억지로 감추거나 꾸미려 해도 언젠가는 본모습을 보이게 마련이다. 그렇기 때문에 이 사람의 행동과 말에는 특별한 점이 있다. 어디에서든지 훌륭한 커뮤니케이터가 되기를 원한다면 반드시 주목하라.

소개가 조금 길었다. 주인공은 바로 여러 방송을 섭렵한 MC이자 개그맨 강호동이다. 그가 진행한 여러 방송 중 얼마 전에 막을 내린 '무릎팍 도사'를 예로 들어보겠다.

그는 '무릎팍 도사'에서 받아 적어 책상 앞에 붙여 놓을 만한 훌륭한 말을 많이 쏟아 냈다. 그것이 시청률을 높이고 프로그램을 더욱 빛나게 하는 그만의 장점이 아닐까. 물론 거기에는 게스트의 말 한마디 한마디에 반응하며 포복절도하는 웃음과 과장스러운 몸짓, 표정이 바탕이 되었다.

그는 자신만의 장점으로 게스트를 자신에게 몰입하게 만들고, 많은 사람이 익히 알고 있는 성공 스토리가 아닌, 잘 드러나지 않은 게스트의 좌절과 실패 스토리를 꺼낼 수 있도록 유도한다. 그리고 게스트의 이야기를 들으며 때로는 공감하고, 때로는 안절부절못하고, 때로는 안타까워하며 자연스럽게 시청자의 몰입을 이끌어 낸다. 결국에는 그가 어려운 과정을 이겨 낸 게스트에게 감동할 때 시청자는 더욱 감동하며 프로그램에 빠져드는 것이다. 바로 그때 강호동은 시청자의 가슴에 종을 울릴 만한 긍정 메시지를 아주 자연스럽게 이끌어 낸다. 몇 가지 예를 들어보겠다.

[이만수 편]

강호동 : 쉽지 않았던 9년, 미국 코치 생활에서 남은 것은 무엇입니까?

이만수 : 9년 동안 아픔도 많았습니다. 좌절도 많았고요. 그런데 그런 일

들이 있었기 때문에 지금은 어려움이 닥치면 즐기는 편이에요. 와라! 언젠가는 올 수 있는 문제이다! 그 큰 파도가 오면 견딜 수 있는 면역력이 생기더라고요. 한국에서 잘려서 미국에 갔을 때는 곧 죽을 것 같은 심정이었는데, 잘 살아났죠. 온 가족이 오갈 데 없을 때도…… 또 그 큰 상처를 견딜 수 있는 면역력이 생기더라고요. 이겨 내더라고요. 인생을 살면서 이제는 어떤 어려움이 있어도 견딜 수 있겠더라고요.

[조혜련 편]

강호동 : 조혜련 씨의 마지막 꿈을 말씀해 보세요.

조혜련 : 2060년 5월 3일을 제 장례식 날짜로 정해 봤어요. 그때 저는 103세가 돼요. 장례식에서 누군가가 "조혜련이라는 사람 어땠어요?"라고 물었을 때 "그녀가 있어서 진짜 에너지를 받을 수 있었어요."라고 말하는 사람이 수만 명 있었으면 좋겠어요. 공장에서 일할 때 '봉숭아 학당'을 보면서 개그우먼의 꿈을 키웠어요. 열심히, 올바르게 살아서 많은 사람이 저를 보고 희망을 가졌으면 좋겠다고 생각했어요.

강호동 : 그 자리에 제가 있을 것입니다.

조혜련 : 그땐 넌 벌써 갔어! 고기를 너무 먹어서!

그는 게스트와의 대화를 통해 긍정 메시지를 뛰어넘는 이야기를 이끌어 내기도 했다. 이 또한 방송 전에 의도한 포맷이라기보다 자연스러운 대화 속에서 잡아내는 그만의 '긍정 에너지' 덕분이라고 생각한다. 그 에너지에 영향을 받은 게스트들이 서서히 동화되고, 소위 '업'된 상태에서 자신의 이야기를 가감 없이 쏟아 내게 되는 것이다.

[아마존의 눈물 편]

게스트 : 그렇게 잘 웃는 부족은 처음이었어요. 필요한 것만 가져와서 먹고……. 욕심이 없고, 남을 부러워할 만한 것도 없어요. 문명과 야만의 기준은 무엇일까요? 행복의 기준으로 본다면 그들이야말로 가장 문명화된 것이 아닐까요?

이런 긍정 메시지 덕분에 그 프로그램이, 아니 그 프로그램을 이끈 '강호동'이라는 인물이 더욱 빛난 것이다. 'A와 B가 사귀었다'는 식의 과거 폭로, 흥미 위주의 사연 공개들로 프로그램이 구성되었다면 어땠을까? 시청자들의 관심을 끌지 못했을 뿐 아니라 그 역시 이 시대의 대표 MC로 이름을 날리지 못했을 것이다.

방송이 끝나고 잠자리에 들었을 때 그와 게스트들이 쏟아 낸 긍정 메시지가 우리의 귓가에, 머리에, 가슴속에 생생하게 살아 숨 쉬고, 큰 여운을 남겨 주기 때문에 우리는 그를 높이 평가하는 것이다. 많은 사람의 가슴을 울리는 커뮤니케이션을 하고 싶다면 '긍정 에너지', '긍정 언어'를 절대 잊어서는 안 된다.

언젠가 한 신문사와의 인터뷰에서 강호동은 이렇게 말했다.

"스포츠는 제일 잘하는 사람이 1등을 한다. 하지만 연기를 잘한다고 최고 배우가 되는 것도 아니고 가장 화려하다고 인기를 얻는 것도 아니다. 개인 능력, 체력, 마음 이 세 가지가 필요하다. 또한 언제나 따뜻한 마음과 포용력을 가지고 있어야 한다."

비관적인 말을 입에 달고 사는 사람이라면 이런 말을 할 수 있었을까? 그는 한때 1인자의 칭호를 받았지만 잠시 방송을 접고 고통스러운 시간을 보냈다. 하지만 다시 돌아와 웃음보다 진한 긍정을 쏟아 내고 있다. 그가 정상에 다시 서리라는 것을 믿어 의심치 않는 이유는 그의 스타성보다 그의 긍정 에너지 때문이다.

<u>누구에게나 답답하고 풀리지 않는 문제들이 눈앞에 쌓여 있다. 하지만 그것들을 이겨 내는 힘은 의외로 단순하다.</u> 마인드가 있고 말이 따르고 행동이 만들어지는 것이 아니다. 말이 리더이고, 마인드와 행동은 말의 충실한 부하일 뿐이다. <u>그 어떤 말로도 습관에서 나오는 긍정 언어를 이길 수 없다.</u> 스피치에 대해 연구하는 것도 중요하지만 그 밑바탕에는 항상 상대방에게 전달할 수 있는 에너지를 쌓는 것이 더 중요하다. 마음의 근육이 단단해야 에너지가 되고 내공으로 완성된다는 것을 기억하기 바란다.

TIP 효과 만점 킬링 스피치 스킬 5

1. 긍정 언어를 사용하면 상대방의 속 깊은 이야기까지 끄집어낼 수 있다.

2. 말이나 어투는 그 사람의 뇌에서 나온다. 한 사람의 말이나 행동은 억지로 감추거나 꾸밀 수 없다. 반드시 언젠가는 본모습을 보이게 마련이다. 그 사람이 자주 사용하는 말에서 그 사람의 캐릭터와 인간성이 나온다.

3. 커뮤니케이션 능력을 키우고 싶다면 긍정 언어를 입에 달고 살아야 한다.

source 6

배를 채워야
커뮤니케이션의 밸런스가 유지된다

젊은 세대들은 잘 모르겠지만, "밥 먹고 합시다!"라는 말이 최고의 유행어일 때가 있었다. 이는 1980년대 초반부터 1990년대 초반까지 방송 개그 프로그램 '유머 일번지'의 '회장님 우리 회장님' 코너에서 나온 말이다. 내용은 이렇다.

회장과 임원들이 심각하게 회의를 하고 있다. 회장은 임원들에게 획기적인 아이디어를 내놓으라고 독촉하지만 회장의 눈치를 보기에만 급급한 무능한 임원들은 "회장님의 생각이 탁월하십니다. 위대하신 회장님!"이라는 말만 연발한다. 이렇게 답답한 상황이 계속되자 회장은 처남인 양 이사에게 한마디한다.

"양 이사, 뭐 할 말 없어?"

이때 꾸벅꾸벅 졸고 있던 양 이사는 화들짝 놀라 벌떡 일어나서 이렇게 외친다.

"밥 먹고 합시다!"

이때 시청자는 의외의 답변에 웃음을 터뜨린다. "밥 먹고 합시다!"라는 말은 어이가 없지만 신기하게도 살벌했던 회의 분위기는 조금 느슨해진다. 이 코너는 "잘 돼야 할 텐데……."라는 말로 마무리된다.

그 이후로 학교에서든 직장에서든 무슨 회의만 했다 하면 어김없이 "밥 먹고 합시다."라는 말을 사용했다. "밥 먹고 합시다."라는 말이 유행한 지 꽤 오랜 시간이 흘렀지만 이 원초적인 말은 지금도 그렇고, 앞으로도 분위기를 반전시키는 묘약으로 위력을 떨칠 것이 분명하다. 기본적으로 밥을 먹은 다음에 무슨 일이든 할 수 있을 테니.

필자도 "밥 먹고 합시다."라는 말의 위력을 실감한 적이 있다. 언젠가 점심시간 30분 전에 협력사 담당자, PD, MD와 미팅을 했다. 이야기가 마무리될 만하면 새로운 문제가 불거져 나왔고, 그때마다 말꼬리를 잡는 식의 공방이 이어졌다. 30분이면 끝났을 미팅은 한 시간 반이 지나도록 끝을 맺지 못했다. 필자는 방송 때문에 어쩔 수 없이 먼저 자리에서 일어났다. 나중에 들어 보니 그로부터 30분이 더 지난 후에야 미팅이 끝났다고 했다.

다시 생각해 보아도 예민하게 반응할 필요가 없는 문제였는데, 그 당시에는 계속해서 말이 돌고 돌아 원활하게 합의가 이루어지지 않았다. 그때의 상황을 조심스럽게 진단해 보면, 문제는 '배고픔'에 있었던 것 같다. 회의에 참석한 모든 사람은 배가 고팠을 것이다. 점심시간을 앞두고 회의를 시작했으니 모두 얼마나 예민한 상태였겠는가. 만약 식사를 하며 혹은 식사를 마친 뒤에 회의를 했더라면 어땠을까?

며칠 뒤 방송을 위해 미팅을 가진 사람들이 다시 만나게 되었다. 정말 우스운 것은 그 누구도 그 당시 회의 내용에 대한 결과를 정확하게 기억하지 못했다는 것이다. 일단 배부터 채웠더라면 빠른 시간 안에 효율적인 대화를 나누고 모두 웃으며 헤어졌을지도 모른다.

한 치의 양보도 할 수 없는 상황에서 팽팽한 긴장감이 흐르고 있을 때, 문제 해결이 되지 않고 답답한 상황만 이어지고 있을 때, 이성과 합리성 계산을 관장하는 좌뇌만 활발하게 움직여 과부하가 걸리기 직전일 때 "밥 먹고 합시다!"라는 말은 모두가 원하는 해결책이 될 수는 없어도 모두가 인정하는 분위기 반전 혹은 긴장 해소를 위한 최적의 솔루션이 될 수 있다.

장하영은 저서 《해커스 심리학》에서 "밥 먹고 합시다!"라는 말이 왜 불편한 대립 관계를 한 번에 무너뜨릴 수 있는지에 대해 설명했다. 사람들은 공복 상태일 때나 잠이 부족할 때, 즉 생리적 욕구가 충족되지 않을 때 사소한 일임에도 화를 잘 내는 경향이 있다. 사람은 배가 부르고 잠도 충분히 자 두어야 정신적 여유가 생겨 사물을 냉철하게 바라보는 균형 감각을 견지한다.

흥분한 상대방을 설득할 때는 먼저 생리적 욕구를 충분히 충족시켜 분노를 진정시켜 줄 필요가 있다. 일단 생리적인 욕구를 채우면 누구든지 마음이 너그러워지고, 어떤 문제든지 편안한 시각으로 바라볼 수 있기 때문이다.

매슬로우의 '욕구 5단계'를 보면 가장 일차적이고 기본적인 욕구가 바로 생리적 욕구이다. 무엇이든 이 단계가 우선적으로 충족되어야만 그 다음 상위 단계로 옮겨 갈 수 있고, 반대로 상위 단계의 욕구가 좀처럼 해결되지 않을 때 하위 단계인 생리 욕구부터 채우면 다시 상위 욕구에 대해 전혀 다른 방법으로 접근할 수 있는 시각이 생긴다.

연봉 협상을 할 때, 단체 교섭을 할 때, 심지어 부부 싸움을 할 때도 좀처럼 해결의 실마리가 보이지 않으면 일단 배부터 채워라. 먹지도, 마시지도 않고 밤을 새워 봐야 몸만 상할 뿐이다. 밥은 날카로운 신경을 편안하게 해 주며 심신을 달래 준다. 팽팽한 긴장 속에서도 일단 배를 채우면 언제 그랬냐는 듯이 서로를 편안하게 마주 볼 수도 있다.

생리적 욕구를 충족시킨 뒤에 설득하라. 일방적으로 공격을 당하며 수세에 몰리는 팀이 작전 회의를 통해 분위기 반전을 모색하듯이 **생리적 욕구로의 환원은 암담한 분위기를 깨는 훌륭한 열쇠가 될 수 있다.** 이는 또 다른 설득의 방법이다.

> **TIP** 효과 만점 킬링 스피치 스킬 **6**
>
> 1 사람들은 공복일 때나 잠이 부족할 때, 즉 생리적 욕구가 충족되지 않을 때 마음이 초조해지거나 사소한 일에도 화를 내는 경향이 있다. 이때 우선적으로 배를 채워 주는 것이 좋다. 밥은 날카로운 신경을 편안하게 해 주며 심신을 달래 준다.
>
> 2 상황이 나에게 불리할 때, 반드시 성사시켜야 할 중요한 계약이 있을 때, 특히 면접 때 상대의 배가 공복인지 아닌지를 파악해야 한다. 위가 비어 있을수록 나에게 유리한 것은 없다.

STEP 4

디톡스 완성

초강력 신진대사를 위한
프리미엄 테크닉

STORY

무의식의 힘을 이용하면 먹히는 커뮤니케이션을 할 수 있다

사례 1

공공장소의 남자 화장실 소변기, 좀 더 정확하게 말해 소변이 떨어지는 지점을 보면 파리가 그려져 있다. 그 앞에서 볼일을 보는 남자는 자기도 모르게 파리를 조준해서 소변을 본다. 그로 인해 자연스럽게 소변기 주위에 튀는 소변의 양이 현저하게 줄었다. 네덜란드의 한 청소부가 남자들의 오조준(?)으로 인한 화장실 악취를 줄이기 위해 고안한 이 방법은 전 세계에서 위력을 발휘하고 있다. 놀라운 사실은 파리를 조준해서 소변을 본 남성들은 볼일을 마친 뒤, 자신이 파리를 향해 조준했던 사실을 잘 기억하지 못한다는 것이다. 그렇다면 무엇이 남성들을 움직이게 한 것일까?

사례 2

그 자리에서 빵을 구워 진열해 놓고 판매하는 편의점에 간 적이 있다. 빵 굽는 향기는 언제나 사람들의 마음을 기분 좋게 만든다. 그렇지 않아도 출출했는데, 맛있어 보이는 것으로 몇 개 구입했다. '빵을 사려고 편의점에 들어간 것이 아닌데 내가 이걸 왜 샀지?'라고 생각하는 사람은 드물다.

사례 3

홈쇼핑에서 저가의 식품(고등어, 갈치 등)을 판매할 때는 1970~80년대에 유행한 빠른 음악이나 흥겨운 트로트를 배경으로 깐다. 상품을 구매하는 사람이 대부분 40대 이상의 주부이기 때문이다. 물론 상품을 지켜볼 때, 주문을 할 때 어떤 음악이 나왔는지 기억하는 사람은 매우 드물다.

사례 4

조지 레이코프의 저서 《코끼리는 생각하지 마》에 이런 예가 나온다. 한쪽에서는 협상을 할 때 협상 대상자들의 양쪽 팔을 각각 1~2초간 만지고 중재안을 제시했고, 한쪽에서는 접촉 없이 중재안을 제시하였다. 그 결과, 신체 접촉을 했을 때 상대방이 중재안을 더욱 쉽게 받아들였다.

사례 5

리처드 탈러와 캐스 선스타인의 저서 《넛지》에 이름 효과(Name-letter Effect)라는 것이 나온다. 이름이 C나 D로 시작하는 학생이 A나 B로 시작하는 학생보다 낮은 학점을 받을 확률이 높았다. 또한 이름이 K로 시작하거나 끝나는 야구선수는 삼진을 당할 확률이 월등히 높았다.

위 사례들의 공통점은 우리 스스로도 놀랄 만큼 우리를 통제하고 있는 무의식에 대한 이야기이다. 버지니아 대학의 심리학과 교수 티모시 윌슨은 이렇게 말했다.

"무의식은 우리의 의사결정이나 선택에 엄청난 영향력을 발휘한다. 무의식은 의식에 도달하지는 못하지만 그 사람의 판단과 감정 그리고 행동에 영향을 미치는 정신 작용이다."

21세기에 들어서 발전한 뉴로 사이언스(neuro-science) 덕분에 그동안 베일에 싸여 있던 인간의 뇌 활동에 대한 비밀이 풀렸다. 이에 많은 학자가 무의식의 실체에 대해 연구를 거듭했다. 그러면서 무의식에 대한 궁금증도 서서히 풀리기 시작했고, 경우의 수가 너무 많아 예측하고 판단하기 어려웠던 인간의 행동이나 판단, 반응 방식에 대한 해답도 조금씩 제시되고 있다.

하버드 비즈니스 스쿨 석좌교수인 제럴드 잘트먼은 "믿기 어렵겠지만 인간의 활동 중 무의식이 차지하는 비중이 95%이며 의식은 단 5%에 불과하다."라고 말했다.

아직까지 무의식의 실체를 부정하는 독자를 위해 조금 덧붙이도록 하겠다. 만약 누군가가 내가 자주 사용하는 단어를 사용하거나 비슷한 어투로 말을 한다면 나도 모르게 그 사람에게 친밀감을 느낀다. 여기에는 두 사람이 친해질 수 있는 어떤 이론적인 접근이나 합리적인 이유가 없다. 그저 갓 구운 빵 향기에 취해 나도 모르게 빵을 사듯이 나도 모르게 상대방에게 빠져드는 것이다. 이것이 무의식의 힘이다.

취미가 같은 사람과 쉽게 친해질 수 있는 것도 마찬가지이다. 그 취미 속에는 수많은 스토리가 있고 같이 공감할 수 있는 이야기가 끝도 없이 펼쳐지기 때문이다. 공감대라는 말도 결국 무의식의 힘이라고 할 수 있다. 이렇게 사람들은 누구나 단순히 결과만을 제시하는 통계 자료나 분석보다 거기에 스토리가 가미된 것을 더 좋아하고, 더 오래 기억한다.

앨런 바커의 저서 《먹히는 의사소통》에 이런 말이 나온다.

우리는 대화 시간 가운데 3분의 2를 주변 인물의 인간관계에 얽힌 이야기를 하는 데 사용한다. 친화감을 조성하려면 상대방과 비슷한 언어를 사용해야 한다.

이 말은 의식의 소통보다 서로 깨닫지 못하는 무의식의 소통이 활성화되었을 때 비로소 먹히는 커뮤니케이션을 할 수 있다는 것이다. 결론적으로 다른 사람들과 효과적인 커뮤니케이션을 하기 위해서는 스스로 지니고 있는 경험을 바탕으로 새로운 스토리를 만들어야 한다. 잠재되어 있는 무의식을 자극해 긍정적인 스토리를 만들면, 이 스토리의 힘으로 기대 이상의 커뮤니케이션 효과를 볼 수 있다.

이 책을 준비할 때 지인에게 '무의식'에 대해 쓰겠다고 하니 '프로이트'에 대해 쓰는 것이냐는 질문을 받았다. 이것 역시 무의식의 작용이다. 이는 '무의식' 하면 '프로이트'라는 단어가 연관되어 머릿속에 축적돼 있기 때문이다. 무의식은 우리의 경험을 통해 저장되어 있는 순간적이고 자동적인, 그래서 편리한 정보 처리 시스템이라고 이해하면 쉬울 것이다.

이제 우리가 스스로 만들어 놓은 무의식이 어떤 역할을 하는지, 어떤 결과를 만들어 내는지 소개하고자 한다. 조금 어려울 수도 있지만 내용을 읽다 보면 자연스럽게 고개가 끄덕여지리라 믿는다.

더불어 실제 커뮤니케이션 상황에서도 얼마든지 활용할 수 있도록 다양한 예를 곁들였다. 이론적으로만 이해하는 것은 의미가 없다. 이제부터 소통을 위한 점화 장치인 무의식의 속성을 파악하고, 심층 은유를 활용해 스토리를 만들어 효과를 보았던 사례들을 소개하고자 한다.

source 1

운율반복은 놀라운 영향력을 발휘한다

"따봉보다 좋은 마흔네 봉!"

필자의 쇼호스트 후배가 방송에서 육포를 판매하며 소리 높여 외친 말이다. 입사한 지 2년도 되지 않은 후배의 새로운 발상에 절로 웃음이 났다. 그는 어떻게 하면 많은 양을 제공하는 것을 부각시킬 수 있을지 고민하다가 이런 말을 생각해 냈다고 했다. 그 후 후배는 선배들로부터 "방송이 장난이냐."는 등의 지적을 받았다. 하지만 그의 개인기(?)는 여기서 그치지 않았다. 그는 방송에서 이런 말을 거침없이 내뱉었다.

"세계 최고의 사이클 선수인 암스트롱, 고환암이 재발하여 큰 고통을 겪고 있다고 합니다. 그런데 이름이 암스트롱! 하지만 암에 강한 사람은 없습니다. 그래서 암스트롱에게도, 우리에게도 암 보험이 필요합니다."

"식스팩만큼이나 반가운 고등어 마흔 팩!"

필자는 지적을 받고도 굴하지 않고 꿋꿋하게 신조어를 만들어 내는 후배가 기특하기도 했지만, 너무 지나쳐서는 안 된다는 충고도 항상 덧붙였다. 그런데 몇 달 정도 시간이 흐르자 재미있는 현상이 나타났다. 회사 사람들이 후배의 신조어를 따라 하는 게 아닌가. 유치하다고, 억지스럽다고 치부하던 사람들이 신기하게도 오랫동안 정확하게 후배의 멘트를 기억하고 있었다.

《언씽킹》의 저자 해리 벡위드는 운율의 반복을 설득의 중요한 솔루션으로 해석했다. 그는 이렇게 말했다.

> "설득의 달인들은 운율이 우리를 속인다는 사실을 잘 알고 있다. 단어들이 쉬운 운율하에 배치되면, 우리는 그 단어들 사이에 진정한 관계가 존재한다고 받아들이기 때문이다."

이는 짧은 말 안에 같거나 비슷한 발음의 운율이 반복되면 기억하기 쉽고, 전혀 상관없는 두 단어가 어우러지면서 사람들은 새로운 의미가 무엇인지 궁금해하고, 그 의미를 가감 없이 받아들인다는 말이다.《언씽킹》이라는 책 제목처럼 '생각 없이' 말이다. 그러면서도 의식적으로 이를 분석하기 위한 노력을 하지 않아도 자동적으로 머리에 쏙쏙 박힌다.

그런데 가만히 되짚어 보면, 우리가 늘 접하는 인터넷이나 신문 기사에서도 이런 운율의 반복 법칙을 이용해 사람들의 이목을 집중시키는 사례를 어렵지 않게 볼 수 있다.

- 재개발 시급한 '재개발 방식'(조선일보)
- 쉘 위 야구?(중앙일보, 골프 선수 미셸 위가 프로야구 시구를 하는 모습을 담은 기사, 영화 제목을 패러디한 헤드라인)

이렇게 헤드라인을 작성하면 누구든지 눈에 확 들어오는 제목 때문에 해설 기사에 눈이 가지 않을 수 없다. 단순하게 사실만을 서술하는 방식의 제목과 언어 감각 차원이 다르게 느껴지기 때문이다.

격언이나 명언에서도 운율을 반복해 본래의 뜻을 더욱 부각하거나 한 번에 사람들의 기억에 남길 수 있는 구절들을 어렵지 않게 찾을 수 있다.

- 남에게 대접받고자 하는 대로 남에게 대접하라.(누가복음 6장 31절)
- I'll give의 미래형은 I'll receive.(미국의 한 초등학교 급훈)

운율의 반복은 단순히 호기심을 일으키는 것으로 그치지 않는다. 짧은 문장 자체로 강력한 메시지가 될 수 있다. 이러한 운율 반복 형태의 문장이 강력한 커뮤니케이션 수단으로 설 수 있는 분명한 이유가 있다.

1. 그 자체로 새롭다.

사람들이 전혀 예상하지 못한 스토리가 나오기 때문에 신선하고 주목도가 높아진다. 이런 상황에서는 간단한 부연 설명도 필요하지 않다. 사람들은 잠깐 생각을 한 뒤 무릎을 치며 "아하!" 하고 감탄할 것이다. 예측을 배반하는 화법은 주목도가 높아지고 기억에도 오래 남는다.

2. 군더더기 없이 깔끔하다.

40~50개의 단어를 사용해 서술형으로 설명하는 것보다 몇 마디 말로 압축할 수 있다면 그것만으로도 훌륭한 스피치가 될 수 있다. 여기에 운율의 반복이 이루어지기 때문에 더욱더 발음하기 쉽고 오랫동안 기억할 수 있다.

미국 16대 대통령 에이브러햄 링컨의 'Of the people, By the people, For the people'로 대변되는 게티즈버그 연설을 생각해 보라. 다른 건 몰라도 이 문장만은 누구든지 선명하게 기억하고 있지 않은가. 이것이 바로 운율 반복의 강력한 힘이다. 필자는 링컨의 게티즈버그 연설이 세계적으로 꼽힐 만한 명연설로 기억되는 것은 이 짧은 문장이 한몫했을 것이라 확신한다.

3. 자연스러운 웃음을 유발한다.

웃음을 유발할 수 있는 여러 가지 상황 중 하나가 바로 논리적으로 쉽게 '연결될 수 없을 때'이다. 단순히 동음이의어이거나 비슷한 발음의 두 단어가 서로 호응하여 새로운 의미의 문장이 됐을 때는 당연히 비논리적인 것이 된다. 이런 문장을 접한 사람은 어이가 없어서 혹은 재미가 있어서 일단 한 번 웃게 된다. 어이가 없어도 웃는 것은 웃는 것이다. '웃는다'는 사실은 의미하는 바가 크다. 앞서 '따봉'의 예에서도 말했듯이 의외로 이런 것이 기억에 오래 남고, 결국 시간이 지날수록 기억은 미화될 가능성이 높기 때문에 헛웃음에서 호감으로 번질 가능성이 아주 높다. 이는 사람이 컴퓨터가 아니기 때문에 가능한 일이다.

운율의 반복을 통해 간단하고 구체적이면서 웃음과 재치를 잃지 않는 스토리를 만드는 것은 말처럼 쉽지 않다. 앞서 언급한 후배도 어렵게 머리를 쥐어짜며 만들어 낸 노력을 버리기 아까워 비난을 받을 것을 알면서도 쉽게 포기하지 못했을 것이다. 그 후배는 선배들에게 혼이 날 때마다 이런 말도 들어야 했다.

"너 문석현 닮아 가냐? 으이구!"

맞다. 하지만 필자는 부끄러워한 적이 없다. 후배에게 잘못된 모습을 보여 줬다고도 생각하지 않는다. 필자는 쇼호스트를 시작할 때부터 이런 운율 반복의 힘을 자주 이용했고 지금도 항상 '어떻게 하면 짧고 간단하면서 구체적으로 표현할 수 있을까'를 고민한다. ==운율 반복은 억지스럽지만 않다면 매우 훌륭한 커뮤니케이션 수단이 될 수 있다.== 필자가 방송에서 사용한 몇 가지 예를 소개한다.

"댕기머리로 샴푸하고 마음껏 댕기세요!"
"각종 영양 성분이 다양하게 들어 있는 다향 오리!"
"미제·일제보다 고객들이 좋아한다고 소문난 군제 내의!"
"이경재 선식이 주부님 장바구니 경제에 도움을 줍니다."
"피로에 정복당하시겠어요? 피로를 정복하시겠어요?"

만약 이 글을 읽고 조금이라도 입가에 웃음이 번진다면 지금 당장 일상에서 활용해 보기 바란다. 처음에는 머리에서 쥐가 날 정도로 고통스럽지만 그래도 뭔가 하나 건졌다면 그것으로 훌륭한 스타트를 끊은 셈이다. 처음에는 분명히 자연스럽지 않고 억지스럽다는 평가를 받을 것이다. 하지만 포기하지 않고 끊임없이 시도하면 언젠가는 아주 세련되고 센스 있는 커뮤니케이터가 될 수 있을 것이라 자신한다.

이 글을 쓰기 몇 시간 전에 굴비 방송 미팅을 했다. 평소와 다름없는, 비슷한 구성으로 준비를 하고 있는데 상품 기획자인 MD가 이 제품이 농림수산식품부 2012년 수산물 브랜드 대전에서 대상을 수상했다는 소식을 전해 주었다. 필자에게는 아주 훌륭한 먹잇감이 던져진 셈이다. 같은 조건이라도 그리고 아무리 저렴한 가격으로 방송에 노출한다 해도 시작부터 "저렴합니다.", "아주 좋은 조건입니다.", "놓치기 아까운 찬스! 꼭 구매하세요." 라고 외치는 것보다 좀 더 세련되고 위트 있게 표현한다면 더욱 강렬한 인상을 심어 줄 수 있다. 방송을 할 때 '대상' 수상을 메인 스토리로 잡겠다고 생각하고 다음 말을 생각해 냈다.

"명인 굴비 대상 수상 기념! 오늘 가격도 대상감, 구성도 대상감!"

무엇이든 하나의 문장으로 완성하는 것은 상당히 어렵다. 하지만 꾸준히 운율을 맞추는 연습을 하면 어느 순간부터 의외로 쉽게 만들어지는 것을 경험할 수 있을 것이다. 단순 반복으로 전체 라인과 구성을 멋들어지게 만들어 보라.

> **TIP 소통의 점화 플러그 1**
>
> 1. 운율 반복은 단순히 호기심만을 일으키는 것에 그치지 않고, 짧은 문장 자체로 강력한 메시지를 전달하는 힘이 있다.
> 2. 운율 반복은 비논리적인 경우가 있어 납득이 되지 않을 수도 있지만 신기하게 오랫동안 기억에 남는다.
> 3. 운율 반복이 처음에는 어색하게 느껴진다 해서 절대 포기하지 말라. 반복 연습을 통해 더욱 세련된, 더욱 날카로운 메시지를 만들 수 있다.

"마음대로 하세요."
이 한마디가 원동력이 된다

엄마가 아무리 공부하라고 잔소리를 해도 한 귀로 듣고 한 귀로 흘려버린 아이가 있었다. 엄마는 매를 들어 보기도 하고, 하소연을 해 보기도 했지만 아이는 도무지 움직이지 않았다. 결국 두 손 두 발 다 든 엄마는 이렇게 말했다.

"그래, 공부하지 마! 네 인생을 위해서 하는 말이지 내 인생 잘 되라고 하는 말인 줄 알아? 공부를 하든 안 하든 네 마음대로 해. 엄마는 이제 더 이상 상관 안 해. 어디 네 마음대로 해 봐!"

엄마의 말에 아이는 내심 기분이 좋았지만, 이내 무언가를 깨달았는지 엄마의 눈치를 보며 알아서 공부를 하기 시작했다.

이와 유사한 경험을 한 사람이 많을 것이다. 필자 역시 어릴 적에 이런 경험을 했다. "제발 ○○ 좀 해."라고 할 때는 도통 관심을 보이지 않다가 "하든 안 하든 상관없어. 네 마음대로 해."라고 하면 이상하게 눈이 가고 귀가 열린다.

김헌식은 저서 《의외의 선택, 뜻밖의 심리학》에서 심리학자 랭거의 재미있는 실험을 소개했다.

그는 실험 참가자들을 A, B 두 그룹으로 나눈 뒤 거리에 나가 모금을 하게 했다. 이때 A그룹에게는 "불우 이웃을 위해서 약간의 돈을 기부해 주세요."라는 말만 하게 했고, B그룹에게는 "불우 이웃을 위해서 약간의 돈을 기부해 주세요. 기부를 하느냐 마느냐는 당신의 자유입니다."라는 말만 하게 했다. 과연 어떤 결과가 나왔을까. 만약 당신이 거리에서 A, B 두 그룹을 만났다면, 어느 쪽에 호의를 베풀겠는가? 다소 차이가 있을 수 있지만 웬만하면 A그룹보다 B그룹에 호감을 느낄 것이다. 뭐라 딱히 꼬집어 말할 수는 없지만 왠지 마음이 B그룹에게 쏠리지 않는가. 실제로도 B그룹에서 모금한 금액이 4배 이상 많았다.

"기부를 하느냐 마느냐는 당신의 자유입니다."라는 한마디만 덧붙였을 뿐인데 왜 이런 결과가 나온 것일까? 홈쇼핑 방송에서도 똑같은 경험을 한 적이 있다.

홈쇼핑에서 의료실비 보험을 소개한 적이 있다. 그 보험은 다른 의료실비 보험과 마찬가지로 통원이나 입원을 했을 때, 병원에서 결제한 금액만큼을 보험회사로부터 돌려받는 보장 구조를 가지고 있었다. 하지만 2세 때부터 20세 때까지는 남녀 모두 월 1만 원, 21세 때부터 40세 때까지는 월 2만 원, 41세 때부터 50세 때까지는 월 3만 원이라는 보험료를 내야 했다. 3년마다 갱신되는 보험이니만큼 보험료야 구조를 어떻게 짜느냐에 따라 다양하게 나올 수 있지만, 그것을 감안한다 하더라도 기존의 보험과 완전히 다른, 첫눈에 반할 만한 매력이 아니겠는가? 당연히 보장 구조는 간단히 설명하고

'저렴한 보험료'를 운운하며 신나게 마케팅을 하는데, 심의기관으로부터 경고(?)가 날아왔다.

'보험료에 대한 그 어떤 가치 판단도 부여하지 말고 있는 그대로만 노출할 것!'

말 그대로 저렴하니 어쩌니에 대해서는 말하지 말고 그저 1만 원, 2만 원, 3만 원만 언급하라는 것이었다. 상황이 이러하니 잘나가던 상품에 급브레이크가 걸릴 수밖에 없었다. 아는 사람이 많지 않겠지만 홈쇼핑의 심의는 매우 엄격하다. 심의 기관에서 하지 말라는 말을 무시하고 했다가는 아예 직업을 잃을 수도 있을 정도이다. 따라서 지시 사항이 떨어지면 그것만큼은 철저하게 지켜야 한다. 그러니 결과야 뻔한 것 아니겠는가.

있는 장점을 제대로 활용하지 못하는 상황이니 매출은 뚝뚝 떨어지고 도통 회복할 기미가 보이지 않았다. 말도 제대로 못하고 속만 끙끙 앓던 중 번뜩하며 머리를 스쳐 가는 무언가가 있었다. 그리고 지금까지 전혀 하지 않았던 코멘트를 구사했다. 물론 서슬 퍼런 심의에도 걸리지 않았다.

"보시는 대로 보험료는 만 원입니다. 좋은 보험료라고 말씀드리지 않겠습니다. 보험료가 좋다, 나쁘다는 고객님이 직접 판단해 주세요."

"이 보험에 가입하든 하지 않든 판단은 고객님의 자유입니다. 하지만 의료실비 보험은 누구에게나 필요합니다. 그렇다면 보험료를 보시고 판단해 주시기 바랍니다."

"좋은 보험은 유지하기에도 좋아야 합니다. 이 보험의 유지비, 즉 보험료는 이렇습니다. 이 보험료 보시고 '괜찮다'라는 생각이 들면 지금 바로 상담 예약하세요. '비싸다', '나쁘다'라는 생각이 들면 전화하지 않으

셔도 됩니다. 모든 판단은 직접 하세요."

이후 주춤하던 매출이 다시 정상 궤도로 돌아왔다. 물론 다른 이유들이 복합적으로 맞물려 훌륭한 흐름으로 복귀할 수 있었겠지만, 필자의 코멘트도 분명히 영향은 있었다.

그렇다면 앞서 소개한 모금 실험과 방송에서 나타난 결과는 사람의 어떤 마음을 움직인 것일까? 김헌식은 저서 《의외의 선택, 뜻밖의 심리학》에서 위와 같은 현상에 대해 이렇게 정의했다.

> 사람들은 스스로 선택할수록 만족한다. 그것이 설령 잘못된 선택일지라도 말이다. 인간은 스스로 움직이는 것 자체에서 만족감과 즐거움을 느낀다.

결국 **상대방에게 일방적으로 판단을 강요하거나 부탁하는 것보다 스스로 판단하고 행동하도록 유도했을 때 더 훌륭한 결과를 얻을 수 있다는 것이다.** 그래야만 상대방이 만족감을 느낄 테니까. 그래서 공부를 죽어라 하지 않는 아이가 스스로 책을 펴게 만드는 방법, 기부를 싫어하는 사람을 기꺼이 기부에 참여하게 하는 방법, 상품의 선호도를 높여 구매를 유도하는 방법 모두 스스로가 알아서 판단하고 결정하게 만드는 것에 해결의 열쇠가 있다.

'**상대방의 마음을 열려면 무조건 칭찬을 하라.**'라는 말이 있다. 백 번 옳은 말이다. 상대방이 스스로 칼을 휘두르도록 칼자루를 손에 쥐어 주어야 한다. 누구나 자신이 한 선택은 소중하고, 자신이 한 결정은 옳다고 생각하는 경향이 있다. 이것 역시 누가 가르쳐 준 것도 아닌데 뇌에 자동적으로 박힌 것이다. 그렇기 때문에 그 선택과 결정을 존중해 주면 된다.

사람은 누구나 자신의 행동이 늘 어떤 의미와 가치를 가진다고 믿는다. 그래서 어떤 제안이든 이러한 전제를 까는 것이 좋다.

"저의 제안은 이렇습니다. 이 제안을 선택하든, 선택하지 않든 선택은 당신의 몫입니다."

그렇다면 상대방은 신중하게 생각하는 듯하다가 결국 당신의 제안을 받아들일 확률이 높다. 사람은 누구나 자기중심적으로 생각하고 자신이 옳다고 믿기 때문에 자신의 선택을 존중해 주는 사람에게 호의를 느낄 수밖에 없다.

더구나 ==결과야 어찌 됐든 본인이 신중하게 생각하고 선택한 것이기에 스스로 책임을 져야 한다. 한마디로 불평불만이 있을 수 없다. 오히려 만족감을 느낄 가능성이 크다.== 누구나 본인의 결정은 완벽했다고 생각하기 때문에 더 좋은 결과를 보기 위해 본인도 모르게 무의식적으로 더 노력할 것이 분명하다.

취업을 위해 자기소개서를 작성하거나 면접을 볼 때 앞서 소개한 방법을 활용해 보도록 하라. 분명 긍정적인 효과를 얻을 수 있을 것이다. 다음 예를 살펴보도록 하라.

"제가 이 회사에 입사하기 위해 준비한 저만의 스펙은 이 정도면 충분하다고 생각합니다. 저는 잘할 자신이 있습니다."

어떤가. 메시지는 분명하지만 약간은 진부하다. 그렇다면 이렇게 말해 보는 것은 어떨까?

"제가 이 회사에 입사하기 위해 준비한 저만의 스펙은 이 정도면 충분하다고 생각합니다. 저는 잘할 자신이 있습니다. 하지만 제가 입사할 자격이 되는지, 그렇지 않은지는 면접관님께서 직접 보고 판단해 주시기 바랍니다."

두 예의 차이에 대해 굳이 부가 설명을 하지 않아도 충분히 이해했을 것이라 생각한다.

> **TIP 소통의 점화 플러그 2**
>
> 1. 상대방에게 일방적으로 판단을 강요하거나 부탁하는 것보다 스스로 판단하고 행동하도록 유도했을 때 더 훌륭한 결과를 얻을 수 있다. 인간은 스스로 움직이는 것 자체에서 만족감과 즐거움을 느낀다.
> 2. 누구나 자신이 한 선택은 소중하고, 자신이 한 결정은 옳다고 생각한다. 상대방에게 선택권이나 결정권을 주어라.
> 3. 본인이 신중하게 생각하고 선택한 것이라고 생각하기 때문에 스스로 책임감을 크게 느낀다. 따라서 불평불만을 제기할 가능성이 매우 낮다.

source 3

커뮤니케이션에 '손해'가 떠오르면
설득이 완성된다

믿거나 말거나 한 전설 같은 이야기를 소개하겠다. 〈두산대백과사전〉을 참조했다.

김정호가 '대동여지도'를 만들었을 때 일반 상인들은 환호성을 내질렀다.
"정말 훌륭해. 이제 전국 방방곡곡을 편하게 다닐 수 있겠어."
하지만 관료들의 생각은 달랐다. 그들은 "이렇게 세밀하게 작업된 지도가 나왔으니 외국인들이나 첩자들의 침략이 더 쉬워지겠어. 순식간에 노출되는 것은 시간문제야."라며 김정호를 첩자 취급했다. 정밀함에 놀란 조정 대신들은 국가의 기밀을 누설하였다는 죄명으로 김정호를 옥에 가둔 뒤 목각판을 압수해 태워 버렸다.

믿고 싶지는 않지만, 꽤 그럴듯하다. 이 이야기는 일본 역사학자들에 의해 왜곡되었다는 설이 지배적이다. 하지만 그의 생애에 대한 기록이 거의 전해지지 않는 것으로 보아 조선 후기 지리학 발달에 큰 자취를 남긴 그의 업적이 당시에는 크게 인정받지 못했던 것은 분명하다. 오히려 길이 약 7m, 폭 약 3m에 달하는 대형 지도 대동여지도는 1894년 청일 전쟁 때 일본군에게 가치를 인정받아 일본군 군수물자의 수송과 군사 작전에 이용되었다.

어떻게 이런 일이 있을 수 있을까? 당시 앞뒤가 꽉 막힌 조선시대 후기 관료들의 쇄국주의를 비난하는 것은 아니다. 우리 역시 대동여지도 같은 역사를 뒤바꿀 만한 획기적인 발명품이 탄생한다 해도 예전 조상들이 했던 실수 아닌 실수를 되풀이할 가능성이 높다. 일단 대동여지도를 놓고 판단하는 두 가지 상반된 생각의 틀에 주목할 필요가 있다.

- 이것 때문에 큰 이득을 보겠어.
- 이것 때문에 큰 손해를 보겠어.

결과적으로는 당시 기득권의 생각과 판단대로 대동여지도는 그 가치에 비해 형편없는 평가를 받게 된다. 만약 우리가 그 당시에 있었다면 과연 대동여지도를 어떻게 판단했을까? 모르긴 해도 우리도 마찬가지로 기득권의 판단에 따랐을 가능성이 높다. 대부분의 사람은 예나 지금이나 서양이나 동양이나 '손해'를 무서워하기 때문이다.

최인철의 저서 《프레임-나를 바꾸는 심리학의 지혜》에 이런 말이 나온다.

어느 실험에 의하면 똑같은 양의 이득으로 오는 만족보다 같은 양의 손실이 주는 심리적 충격이 2.5배 정도 더 크다고 한다. 이를 심리학에서는 '손실 혐오'라고 한다.

쇼핑을 할 때 잠자고 있던 할인 쿠폰을 발견하고 조금이라도 저렴하게 물건을 구입하면 어떤가. 하늘을 날듯 기쁘지 않은가. 이때는 돈을 아꼈다는 기쁨보다 돈을 더 주고 살 뻔한 위기를 넘겼다는 안도감이 더 크다. 실제로 정가를 주고 물건을 구입한 이후에 지갑에서 할인 쿠폰을 발견하거나 더 저렴하게 파는 곳을 보았을 때의 속쓰림을 경험한 적이 있는 사람이라면 지금 이 말에 더욱 쉽게 공감할 것이다.

길을 걷다가 돈을 주워 본 적이 있는가? 경험해 본 사람은 알겠지만 돈을 주웠을 때의 기분 좋음은 하루 정도 간다. 하지만 분명히 지갑에 있어야 할 돈이 없어졌다는 것을 알게 되었을 때의 찜찜함은 며칠 동안 지속된다. 심지어 밤잠을 설치는 사람도 있다.

주위를 둘러보면 돈을 줍거나 뜻밖의 횡재를 한 사람은 별로 없고 돈을 잃어버렸거나 하는 등의 손해를 본 사람의 이야기가 압도적으로 많다. 도대체 왜 그런 것일까? 이유는 간단하다. ==사람들은 손해에 극도로 예민하고 손실을 싫어한다. 일단 그런 경험을 겪게 되면 뇌 속에 이득을 얻은 기억보다 손실 기억이 더 오랫동안 저장되기 때문이다.==

내기나 도박을 할 때에도 돈을 딴 사람은 금방 그 판을 잊어버린다. 하지만 돈을 잃은 사람은 좀처럼 그 처절한 기억을 잊지 못한다. 고스톱 판에서는 절대로 딴 사람의 돈과 잃은 사람의 돈이 맞아떨어지는 법이 없다. 잃은 사람은 본인이 얼마를 잃었는지 정확하게 기억하지만, 돈을 딴 사람은 자기가 땄다는 사실을 중요하게 생각하지, 얼마를 땄는지는 관심이 없다.

그런데 안타깝게도 돈을 잃은 사람의 대부분은 원금 회수를 위해 더 많은 돈을 쏟아붓는다. 그럴수록 원금 회복은커녕 더 많은 돈을 잃고 만다. 딴 돈보다 잃은 돈에 대한 집착이 훨씬 더 크기 때문에 집착이 무리한 욕심을 낳고, 판단을 마비시킨다. 또한 돈을 되찾기 위해 꼭 필요한 뇌 기능이 사라지면서 점점 더 수렁으로 빠지게 된다.

사람이 논리나 이성의 존재가 아니라는 사실은 이런 상황에서도 얼마든지 입증된다. 논리와 이성이 먼저였다면 돈을 잃은 상황에서 재빨리 손을 털고 그 자리를 떠났어야 하지만 사람이기에 절대로 그렇게 하지 못한다. 조금 쉬었다가 다시 뛰어드는 한이 있더라도 한 번 손해 본 것은 결코 떨쳐내지 못하는 게 사람이다. 그래서 우리는 더욱더 이런 무의식에 관심을 가져야 한다.

또 차에 기름을 넣을 때도 리터당 기름 값이 단돈 10원이라도 저렴한 곳을 고집하는 이유는 10원을 아끼겠다는 마음보다 똑같은 기름인데 단돈 10원이라도 손해를 보기 싫다는 의지가 강하게 작용하기 때문이다.

대한민국에서 사교육비가 이렇게까지 치솟은 이유 역시 단 하나이다. 대한민국 부모들은 무엇보다 손해를 두려워한다. 생각 같아서는 학원이고 뭐고 다 접고 꼭 필요한 교육만 시키고 싶지만 실제로는 그렇게 하지 못한다. 왜? 나의 아이가 다른 아이들이 모두 다닌다는 그 학원에서 수업을 받지 않으면 뒤처질 것 같은 생각에 잠을 이루지 못한다. 그래서 공부를 잘하든 못하든, 심지어 아이가 공부에 소질이 있든 없든, 아이의 능력은 냉정하게 생각하지 못하고 일단 많은 돈이 들더라도 다른 아이들이 다니는 학원에 무조건 보낸다.

"남들보다 공부를 잘하는 것까지는 바라지 않는다. 제발 남들 하는 만큼만이라도 해다오."

여기에도 대한민국 부모의 똑같은 심리, 똑같은 무의식이 작용한다. 남들만큼의 손해는 용납해도 남들보다 더 손해 보는 것은 절대로 받아들일 수 없다는 생각이다.

결과적으로 우리는 '손해'를 끔찍하게 싫어하고 두려워한다. 그래서 **대화나 커뮤니케이션을 하는 상황에서 상대방에게 '이득 프레임'을 강조하기보다 '손실 프레임'을 강하게 이야기하는 것이 더 효과적이다.** 즉 '이렇게 하면 이만큼의 이득을 본다.'라는 식으로 말하는 것보다 '이것을 하지 않으면 이만큼의 손해를 감당해야 한다.'라는 식으로 말하는 것이 상대방의 마음을 더욱 쉽게 뒤흔들어 놓을 수 있다.

홈쇼핑 방송을 하는 도중에 상담원 연결이 너무 많으면 소비자에게 자동주문전화를 유도해야 한다. 과연 그런 상황에서는 어떻게 말하는 것이 좋을까.

- 자동주문전화로 천 원이라도 아끼세요.
- 상담원을 연결하면 똑같은 상품인데 천 원을 더 내고 구입하시는 것입니다.

당신은 어느 쪽에 더욱 귀 기울여지는가. 똑같은 말인데 하나는 '이득'을 강조했고, 다른 하나는 '손해'를 부각했다. 분명 후자 쪽에 관심을 갖는 사람이 많을 것이다. 나아가 자동주문전화로 할인할 수 있는 액수가 5천 원이 넘으면 그 돈으로 살 수 있는 물건을 언급한다.

"지금 자동주문전화를 하시면 절약한 돈으로 마트에서 고등어 한 마리를 구입하실 수 있습니다."

안타깝게도 처음에 언급한 김정호의 대동여지도는 '이익'보다 '손실'을 두려워한 관료들의 실책 때문에 그 가치에 비해 빛을 보지 못했다. 지금도 누구나 '손해'와 '손실'을 두려워한다. 따라서 대동여지도와 같은 것이 오늘날에 모습을 드러내도 과거와 180도 다른 역사가 펼쳐졌을 것이라는 가정은 하기 어렵다. 우리 모두 예나 지금이나 '잃는 것'에 대한 집착이 매우 강하기 때문이다.

상대방과의 원활한 소통을 위해서는 가급적 상대방이 '손실'이라는 프레임을 떠올리지 않도록 조심해야 한다. '손해', '손실'로 인해 상대방의 미간이 찌푸려지면 그 소통은 실패한 것과 다름없다. 설득을 할 때 나의 제안을 받아들이지 않으면 '손해'를 볼 것이라는 점을 강조하라. 성공 가능성이 높아질 것이다.

> **TIP 소통의 점화 플러그 3**
>
> 1. 사람은 언제나 '이익'보다 '손해'를 먼저 떠올리고 그것을 두려워한다.
> 2. 우리 머릿속에는 이득을 본 기억보다 손해를 본 기억이 더 오랫동안 저장된다. 이성적·합리적으로 따지면 둘 다 똑같아야 하지만 사람이기 때문에 그러한 등식은 절대 성립되지 않는다.
> 3. 설득이나 소통을 할 때 나의 제안을 받아들이지 않으면 손해를 볼 것이라는 점을 강조하라. 성공 가능성이 높아질 것이다.

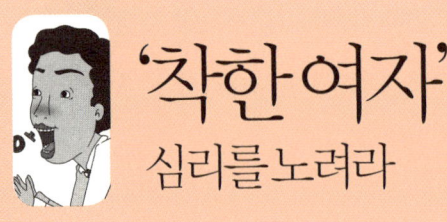

source 4
'착한 여자' 심리를 노려라

한 신문에서 이런 기사를 본 적이 있다. 기사의 제목은 '노안과 동안의 갈림길'이었다.

피부가 경쟁력인 시대이다. 태평양화학이 분석한 2012 스킨리포트 조사를 보면 25~49세 여성 1,000명 중 63%가 가장 신경 쓰이는 피부 고민으로 '주름'을 꼽았다. 아무리 백옥같은 피부에 메이크업을 해도 주름이 많다면 노안으로 전락(?)하기 때문이다.

젊어지고 싶은 것은 모든 여성의 변하지 않는 욕망이다. 이뿐 아니라 젊어지고 싶은 욕심 때문에, 더 솔직하게 말하면 젊게 보이려는 욕망 때문에 적지 않은 돈을 쓰는 것도 모자라서 몸까지 망치는 경우도 있다. 무리한 다이어트 때문에 젊은 여성의 결핵 발병이 급격하게 늘어나고 있다는 뉴스를 어렵지 않게 접할 수 있다. 후진국에서 주로 발생하는 질병 중 하나로 꼽히는 결핵이 대한민국에서는 친숙한 질병이 되어 가고 있는 불편한 진실! 우리나라는 OECD 국가 중 결핵 사망률 1위이다. 요즘에는 남성들도 '젊은 몸'에 대한 욕망이 커졌기 때문에 획기적인 인식 변화가 없는 한 장기 집권도 어렵지 않을 듯하다.

여성이든 남성이든 젊음에 대한 욕망은 말로 표현할 수 없을 정도로 대세가 되었다. 하지만 여성만이 가지고 있는 특징이 한 가지 더 있다. '젊음'에 대한 욕망만큼이나 거대한 '착한 여자'이고 싶은 욕망이다.

여성은 기본적으로 '이타적인 소비를 하는 존재'라고 한다. 소비를 할 때 나보다는 나를 둘러싼 존재들을 위해 돈을 쓴다는 말이다. 그래서 텔레비전을 사기 위한 목적으로 백화점에 갔다 해도 대학에 입학하는 딸을 위해 여성 의류 매장에서 옷을 사고, 곧 있으면 결혼을 하는 조카를 위해 새로 나온 전기밥솥을 산다. 또한 공부하는 아들이 요즘 눈이 침침하다고 말한 것이 생각나 스탠드를 구입한다. 이렇게 생각보다 많은 쇼핑을 해도 여성은 절대로 많은 돈을 썼다고 생각하지 않는다. 오히려 뿌듯함을 느낄 가능성이 크다. 스스로 '좋은 엄마', '착한 주부'의 역할을 충실하게 수행했다고 믿기 때문이다.

역으로 '나쁜 엄마'의 이미지가 들 때나 지금 하고 있는 쇼핑이 엄마로서, 주부로서 적절치 않다는 생각이 들 때는 어떤 상황이 와도 쉽게 지갑을 열지 않는다.

김헌식의 저서 《의외의 선택, 뜻밖의 심리학》에 이런 말이 나온다.

모든 여성은 좋은 아내, 가족을 생각하는 부지런한 엄마와 주부가 되고 싶은 욕망이 있다.

여성은 원두커피와 인스턴트커피 중 원두커피를 고르는 여성이 왠지 현실적이고, 요리하기 좋아하고, 분별력이 있을 것 같다고 생각하는 반면, 인스턴트커피를 고르는 여성은 게으르고, 주의력이 없고, 앞을 내다볼 줄 모르거나 아무 생각이 없을 것 같다고 판단한다고 한다. 글로 읽을 때는 현실적이지 않고 믿어지지 않을 수도 있지만, 가족을 위해 장을 보는 엄마의 위치에서 바라보면 이해가 될 것이다.

홈쇼핑의 주요 시청자는 여성, 더욱 구체적으로는 주부이다. 따라서 ==제품의 장점을 강조해서 이야기하기보다 여성들만이 가지고 있는 '착한 여자', '훌륭한 주부' 욕망을 되풀이하여 언급하면 예상 밖의 반응을 확인할 수 있다.== 예를 들어 이렇게 말하는 것이다.

"만약 당신이 이 상품을 구입하지 않는다면 훌륭한 주부로서 책임을 다하지 못하는 것입니다."
"이 정도도 하지 않는다면 나쁜 엄마이지 않을까요?"

여성은 언제나 본인이 도덕적·윤리적으로 훌륭한 존재라는 것을 확인하고 싶어 한다. 필자가 상품을 판매할 때 사용한 예를 소개하겠다.

- **보험 상품** : 내일 어떤 반찬을 식탁에 내놓을지, 아이에게 어떤 옷을 입힐지 미리 생각해 두면 마음이 참 편하죠? 당장 내일이 아닌, 평생을 준비하시면 더욱더 편해질 것입니다. 이런 게 진정으로 가족을 위해, 사랑하는 아이를 위해 해야 할 일이 아닐까요?

- **냉장고** : 아이들의 몸이 점점 커질수록 먹을거리 영양도 더 깊게 생각해야 합니다. 먹을거리를 보관하는 냉장고가 크다면 더 좋겠죠? 이 기회에 이 냉

장고로 바꿔 보세요. 나를 위해서가 아닌 나날이 커 가는 아이들을 위해서.

- **베이비 사진 촬영권** : 세상에서 가장 훌륭한 작품은 우리 아이입니다. 그 작품이 더 빛나고 아름다우면 얼마나 좋을까요. 많은 사람에게 인정받고 있는 14년차 전문가에게 가장 훌륭한 작품을 맡겨 보세요. 보석보다 아름답게 빛날 것입니다. 아이를 위해 그 무엇보다 중요한 일이잖아요.

- **건강식품 제조기** : 무엇보다 중요한 것은 내 아이가 건강한 식습관을 갖는 것이죠. 이 제품으로 아이의 식습관을 바꿔 보세요. 이 제품은 웃돈을 얹어서라도 꼭 사야 합니다.

S사의 텔레비전을 보다가 L사의 텔레비전으로 바꾼다 해도 전혀 문제될 것이 없는 시대이다. 어느 제품이든지 A/S 신경 쓸 것 없이 두고두고 질릴 때까지 사용할 수 있지 않은가. 어디 텔레비전뿐인가. 우리를 둘러싼 대부분의 물건은 상당히 훌륭하다.

<u>문제는 제품이 지니고 있는 기능이 아니라 제품이 품고 있는 스토리를 어떻게 만들어 내느냐 하는 것이다.</u> 이왕이면 '젊게 보이고 싶어 하는 욕망'만큼이나 강하고 확고한 '착한 여성', '훌륭한 주부', '책임을 다하는 엄마'의 본능을 자극해야 한다. 이를 바탕으로 메시지나 스토리를 만들어 소비자에게 어필할 수 있다면 분명 좋은 기억으로 남는 브랜드나 제품으로 자리 잡을 것이다.

사람들은 설득당하는 것을 좋아하지 않지만, 현명한 결정을 내리는 데 도움이 되는 정보나 스토리는 매우 좋아한다. '착한 여성', '좋은 엄마', '책임을 다하는 엄마'는 반드시 현명한 결정을 한다고 스스로 굳게 믿는다.

전적으로 아름다움을 위한 상품, 즉 화장품이나 패션 상품을 소개한다

할지라도 '좋은 엄마'에 대한 이야기는 빛을 발할 수 있다. 훌륭한 엄마일수록, 훌륭한 여성일수록 빈틈이 없으니까. 그리고 그런 여성일수록 더 아름답고 더 외모에 신경 쓰는 것은 당연하다. 세상 모든 화장품이나 옷은 아름다워지기 위해 만들어졌기 때문에 "이 제품을 쓰면 아름다워져요."라는 말을 남발하면 식상할 수밖에 없다. 이럴 때는 상대방이 전혀 생각하지 못한 '착한 여자', '훌륭한 여자'의 본능을 깨워 주면 된다. 이는 언제나 가슴속에 꿈틀대고 있는 본능이기 때문에 살짝만 자극해도 바로 좋은 반응을 얻을 수 있다. 몇 가지 예를 들어 보겠다.

- **화장품** : 모처럼 선생님을 만나러 학교에 가는데 대충 하고 갈 수는 없잖아요. 선생님은 물론, 아이의 친구들도 보게 되는데 더 신경 써야 하지 않겠어요? 멋진 엄마, 훌륭한 엄마로 보이면 분명 내 아이가 뿌듯해할 것입니다. 이 상품은 아가씨들에게도 좋지만 엄마에게는 더욱더 필요합니다.

- **속옷** : 이 속옷을 입으면 자신감이 넘칩니다. 아무 속옷이나 막 입지 마세요. 학부형 모임이 있을 때, 학교에 선생님을 만나러 갈 때 이 속옷을 입고 나가 보세요. 자세부터가 아주 당당해집니다. 나를 위해서도, 당당한 엄마를 원하는 아이를 위해서도 이 제품, 참 좋습니다.

이쯤 되면 "남성에게도 어필할 수 있는 방법은 없을까?"라는 궁금증을 갖는 독자도 많을 것이다. 아쉽지만 지금 상황에서는 여성의 지갑이 남성의 것보다 훨씬 두툼하기 때문에 여성의 뇌리에 남는 것이 훨씬 유리하다. 남성의 한 사람으로서 안타까운 일이지만 사실이다.

김미경의 저서 《여성 마케팅》에 따르면, 가구의 94%, 주택의 91%, 건강 관련 제품 80%의 결정권을 여성이 쥐고 있고, 전체 소비재 중 83%를 여성이 구매한다고 한다. 대한민국 남자가 구매할 때 결정권을 갖는 품목은 단 하나, '술'밖에 없다. 이 역시 '불편한 진실'이다.

그렇다면 결론은 나왔다. 여성에게 잘 보이고 싶은가? "당신은 아름답습니다."라는 말도 상당히 훌륭하지만 "당신은 가족을 먼저 생각하는 진정 아름다운 여성입니다."라는 말이 여성의 심금을 울릴 수 있음을 기억하라.

> **TIP 소통의 점화 플러그 4**
>
> 1. 여성들은 아름다워지고 싶은 욕망만큼이나 '착한 여자', '훌륭한 주부' 등 이타적인 존재로 확인받고 싶어 하는 강한 욕망을 가지고 있다. 따라서 그 본능을 자극할 만한 말하기로 접근하면 좋은 효과를 볼 수 있다.
> 2. 안타깝게도 지구상의 지갑은 여성이 거의 독점하고 있다. 그러니 여성에게 어필할 수 있는 스피치 기술이 더욱 절실하다.

source 5
기준이 있어야
커뮤니케이션의 수준이 올라간다

　소개팅을 많이 한 사람이 반드시 좋은 배우자를 만나는 것은 아니다. 사람을 많이 만나면 본인과 잘 맞는 사람과 만날 확률이 높아지는 것 아니냐고 말하는 사람도 있지만, 아쉽게도 누구나 의식을 뒤흔드는 무의식을 가지고 있기 때문에 많은 사람을 만날수록 더 헷갈린다.
　지금 내 앞에 있는 사람보다 전에 만났던 사람이 나은 것 같기도 하고, 앞으로 더 괜찮은 사람을 만날 수도 있을 것 같고……. 그래서 앞에 있는 사람에게 집중하지 못한다. 무의식과도 일맥상통하는 끝도 없는 인간의 욕망은 바닷물 같아서 들이키면 들이킬수록 갈증이 심해진다.
　선택의 옵션이 많을수록 사람은 갈등하게 마련이다. 자신의 선택에 책임을 져야 한다는 부담감이 강하게 작용하기 때문이다. 누구나 '과연 지금 나의 선택은 옳은 것일까?', '나중에 더 나은 사람을 만나게 되면 그때는 어떻게 해야 할까?'라는 생각을 한 적이 있을 것이다. 어디 이러한 것이 사람과의 관계에만 해당되겠는가. 물건을 고를 때도 마찬가지이다. 비슷한 종류의 물건이 많을수록 사람들은 쉽게 선택하지 못한다.

그렇다면 무언가를 심사숙고해서 선택했는데, 이후에 더 마음에 드는 상품을 만나게 되면 어떻게 할까? 땅을 치고 후회할까? 그럴 가능성은 낮다. 후회를 해 봐야 본인 손해일 뿐이고, 그 일에 계속해서 집착하기에는 신경 쓸 일이 너무 많다. 그로 인해 서둘러 스스로를 합리화시켜 두고두고 마음을 괴롭힐 일을 간단하게 봉합해 버린다. '지금까지 잘 사용했는데 뭘! 이것도 저 상품에 비해 나쁜 것은 아니야.'라고 생각하며 말이다.

엄청난 무더위 때문에 쿨매트가 폭발적인 인기를 끈 적이 있다. 전기를 사용하지 않아도 되고, 유지비가 들어가지 않기 때문에 에어컨의 대체품으로 안성맞춤이었다. 따라서 홈쇼핑에서 본격적인 여름이 다가오기 전인 5월부터 경쟁적으로 여러 종류의 쿨매트를 방송하기 시작했다.

하지만 소비자들은 쉽게 결정을 하지 못했다. 장점을 가지고 있는 매트가 한두 가지가 아니니 도무지 어떤 것을 선택해야 할지 고민에 빠지지 않을 수 없었다. 홈쇼핑이 이 정도이니 인터넷과 오프라인 매장까지 확대해 생각하면 고민은 더욱 커진다. 이쯤 되면 소비자들의 머리에서 김이 나기 시작한다. 그렇게 오랜 고민의 시간을 거치고서도 쿨매트를 통해 전기료를 아낀다는 생각은 저만치 던져 버리고 눈에 익은 브랜드의 에어컨을 덜컥 사는 경우도 있다. 그런 후에도 역시 이렇게 스스로를 합리화시킨다.

"역시 에어컨이 최고야. 전기료가 나가면 얼마나 나간다고! 여름에는 뭐니 뭐니 해도 시원한 게 최고 아니겠어? 잠잘 때만 사용해서 전기료는 최대한 아껴야지."

앞서 말한 대로 선택 옵션이 너무 많으면 오히려 역효과가 날 가능성이 크다. 아니나 다를까 무더위 특수를 예상하고 야심차게 준비한 쿨매트는 연일 고배(?)를 마시며 예상보다 훨씬 낮은 매출을 이어 가고 있었다.

필자도 쿨매트를 판매한 적이 있다. 제품을 살펴보니 타 회사의 매트보다 가격도 비싸고, 서비스로 제공하는 구성 역시 상당히 뒤처졌다. 일단 첫눈에 들어오는 조건이 상대적으로 불리하기 때문에 경쟁하기가 쉽지 않을 것이라 생각했다.

이렇게 모든 표면적인 조건이 불리한 상황을 이기기 위해서는 선택의 폭을 좁히는 방법이 해결책이 될 수 있다. 이럴 때는 여러 가지 쿨매트가 난립하고 있는 상황이 도움이 된다. 즉 선택 옵션이 너무 많을 때, 선택할 수 있는 조건을 단순화하여 비교하게 하면 의외로 좋은 효과를 거둘 수 있다.

이럴 때 좋은 커뮤니케이션 방법은 '닻 내림 효과(Anchoring effect)'이다. 이는 말 그대로 닻을 내린 곳에 배가 머물듯, 처음 입력된 정보가 정신적인 닻으로 작용해 그 이후에 계속해서 판단에 영향을 미친다는 말이다.

"쿨매트는 항상 바닥에 깔고 살을 대고 있어야 하는 요와 같은 존재입니다. 그렇다면 이불이나 요처럼 항상 세탁할 수 있어야 하지 않을까요? 세탁할 수 있는 쿨매트와 세탁하지 못하는 쿨매트가 있다면 어떤 것을 선택하시겠어요? 과연 지금 여러분에게 딱 좋은 쿨매트는 어느 것일까요? 올 여름도 참 덥지만 내년 여름에도 상당히 덥다고 하네요. 시원하면서도 전기료를 아낄 수 있는 쿨매트! 꼭 준비해 두어야 하는 필수 아이템입니다."

이렇게 말한 뒤 계속해서 매트를 물에 담갔다 꺼내기를 반복하며 빨래를 하는 액션을 취했다. 쿨매트의 수많은 장점과 특징을 모두 뒤로 하고 '세탁'이라는 단어가 닻으로 작용하도록 유도했다. 그러고 나서 '세탁 가능'을 쿨매트 선택의 단 하나의 옵션으로 집중 부각했다. 이것이 제대로 들어맞았는지 본격적인 무더위가 찾아올 즈음 매출은 탄력을 받으면서 급상승하기 시작했다.

원래 '닻 내림 효과'는 처음에 제시받은 숫자에 영향을 받아 이후 선택이나 판단이 처음 제시받은 숫자를 기준으로 결정된다는 유명한 이론이다.

- 세상에서 가장 높은 나무의 높이는 300m가 넘을까, 넘지 않을까?
  그렇다면 세상에서 가장 높은 나무의 높이는 어느 정도일까?
- 세상에서 가장 높은 나무의 높이는 어느 정도일까?

한 실험에서 위와 같이 두 가지 형태로 질문했을 때 각각의 대답은 큰 차이가 났다. 첫 번째 질문의 대답은 평균 250m인 반면, 두 번째 질문의 대답 평균 84m였다. 처음에 제시된 300m라는 숫자가 피설문자의 뇌리에 닻으로 작용했다는 것이다.

대니얼 카너먼의 저서 《생각에 관한 생각》을 보면 이런 내용이 있다.

> 약간의 차이가 있을 수는 있지만, 비록 숫자가 아니더라도 특징적인 화두를 먼저 제시하고 이야기를 풀어 나가면 훨씬 좋은 커뮤니케이션 효과를 거둘 수 있다.

사람들은 문제가 복잡할수록 피하고 싶어 한다. 그리고 좀 더 쉬운 선택을 하기를 원한다. 처음에 제시된 숫자나 화두가 합리적이든 아니든 그것은 자신도 모르게 뇌에 영향을 미친다. 그리고 그것이 기준이 되어 그 다음 선택이나 결정에 큰 영향력을 행사한다. 처음에 제시된 것이 결국 결정적인 기준이 되는 것이다. 그리고 나중에 더 나은 선택을 할 수 있었다는 것을 깨달았다 해도 후회는 하지 않는다. 그때는 의식이 발동해서 무엇이든 자신의 선택이 옳았음을 입증할 증거를 찾고 안심한다.

여름 휴가철에 여행 상품을 판매한 적이 있다. 동남아시아의 한 휴양지였는데, 인지도가 높지 않아서인지 생각보다 저렴한 가격(80만 원대)이 책정되어 있었다. 유명한 휴양지는 이미 예약이 종료된 상황이었기 때문에 아직 휴가 계획을 세우지 못한 시청자들에게 좋은 반응을 얻을 수 있을 것이라 생각했다. 필자는 예상보다 좀 더 훌륭한 매출을 기록하고자 하는 마음에 '닻 내림 효과'를 이용하여 코멘트를 했다.

"여름철 성수기에 동남아시아로 여행을 간다면 평균 얼마를 생각하세요? 아무리 못해도 100만 원 이상은 예상하시죠? 그렇다면 일단 오늘 소개해 드리는 상품 가격에 주목해 주세요. 80만 원대입니다! 보통 기준에도 한참 미치지 못하는 가격으로 100만 원 이상의 가치가 있는 여행을 떠나 보세요. 일단 가격부터 보시고 호텔, 관광지, 음식을 따져 보세요. 미처 예약하지 못한 것이 다행이라고 생각하실 것입니다."

평균 여행 경비를 100만 원으로 정하고, 즉 100만 원을 닻으로 설정하고 이야기를 풀어 나가니 확실히 시청자가 동의하고 있다는 느낌이 강하게 전달되었다.

이 글을 읽으면서 강하게 부정하는 독자가 있을 수 있다. 어떻게 사람이 그런 단순한 첫 정보에 민감하게 좌우될 수 있느냐고 반문할 수도 있다. 하지만 이런 비논리성의 진실은 지금 당장이라도 몸으로 느낄 수 있다. 20도씨의 물에 손을 담갔다가 35도씨의 물에 담근 것과 45도씨의 물에 담갔다가 다시 35도씨의 물에 담갔을 때의 차이는 어마어마하다. 같은 온도지만 각각 20도씨와 45도씨의 물이 닻으로 작용한 것이다.

처음의 기준을 닻으로 사용하라. 분명 좋은 효과를 거둘 수 있을 것이다. 다시 한 번 말하지만 사람은 누구나 눈에 먼저 들어온 것이 판단의 주 정보이자 기준이 되고, 눈앞에 제시된 정보를 기준으로 그 다음을 판단한다. 우리의 인생은 무엇이든지 빨리 결정하고, 빨리 실행하기를 원한다. 그렇기 때문에 많은 사람이 무의식적으로 쉬운 선택을 하기 위한 기준을 더욱더 강력하게 원하는 것이 아닐까.

소통의 점화 플러그 5

1. 사람은 누구나 선택의 옵션이 많아지면 결정을 주저하게 된다. 이럴 때 선택할 수 있는 조건을 단순화해서 비교하게 한다면 의외로 좋은 효과를 거둘 수 있다. 이것이 바로 '닻 내림 효과(anchoring effect)'이다.

2. 사람들은 문제가 복잡할수록 피하고 싶어 한다. 그리고 좀 더 쉬운 선택을 하기를 원한다. 아주 쉽게 이해할 수 있는 비교 기준을 만들어 제시하라. 원활하게 커뮤니케이션을 할 수 있는 것은 물론, 당신에게 고마움을 느낄 것이다.

3. 이 땅에 수많은 커뮤니케이션 책이 있다. 상대방이 본인도 모르게 내 의도에 따라 움직이고 만족스러워하는 방법을 소개한 책이 있는지 확인해 보라. 그렇다면 이 책의 진가를 알 수 있을 것이다.

source 6

구체적으로 말해
커뮤니케이션의 파워를 높여라

조금이라도 지체하면 지각이다. 막 도착한 이 엘리베이터만 타면 최소한 지각은 면할 것 같다. 안도의 한숨을 내쉬며 엘리베이터에 발을 내딛는 순간, 바로 어제까지만 해도 보이지 않았던 경고 문구가 눈에 들어온다.

- 이 엘리베이터의 사고율은 0.01%입니다.

만약 당신이 이 문구를 봤다면 어떤 선택을 하겠는가. 무시하고 엘리베이터를 탈 것인가, 아니면 지각을 하고 조금 힘이 들더라도 안전한 계단을 이용할 것인가? 이때 대부분의 사람은 크게 신경 쓰지 않고 엘리베이터에 탑승한다. 0.01%의 확률은 분명히 존재하는 사실이지만 우리 마음을 움직이게 할 만한 숫자는 아니다. 1%도 우습게 보는데, 0.01%라는 문구가 어떻게 사람들의 마음을 움직이겠는가.

그런데 같은 상황에서 다음과 같은 문구를 보게 된다면 어떨까?

- 이 엘리베이터는 만 번 운행할 때마다 반드시 한 번은 사고가 납니다.

분명 이렇게 판단하는 사람이 생길 것이다.

'만 번에 한 번은 반드시 사고가 난다고? 이 엘리베이터는 하루에도 수백 번씩 움직이는데……. 재수 없으면 내가 탔을 때 사고가 날 수 있는 것 아니야? 불안해서 안 되겠다. 지각해서 상사에게 혼나더라도 계단으로 가는 게 마음 편하겠어.'

이는 필자가 강의를 나갈 때마다 수강생들을 대상으로 하는 실험이다. 성별과 나이에 상관없이 항상 같은 결과가 나왔다. 전자의 경우에는 개의치 않고 엘리베이터에 탑승하겠다고 답한 사람이 대부분이었다면, 후자의 경우에는 탑승을 하지 않거나 망설이는 사람이 대부분이었다. 시간의 간격 없이 연이어 두 개의 질문을 해도 같은 결과가 나왔다. '0.01%'는 무시해도 '만 번에 한 번'에는 예민하게 반응하는 것이다. 결국 똑같은 의미인데도, 우리의 뇌는 똑같이 받아들이지 않는다는 것을 알 수 있다.

'아 다르고 어 다르다.'라는 속담이 있긴 하지만 '프레임 이론'이라는 서양 학문이 이 속담을 과학으로 증명했다. 이성이나 논리적으로는 한 치의 오차도 없이 똑같은 평가가 나와야 하지만 우리의 뇌는 이성과 논리보다 압도적으로 우월한 경험과 습관에 의지하는 즉각적인 무의식에 지배당하기 때문에 어이없는 결과를 내놓는 경우도 많다.

대니얼 카너먼의 저서 《생각에 관한 생각》에 논리적으로 납득하기 힘든 실험 결과가 소개되어 있다.

미국의 명문 대학생들을 상대로 한 실험인데, 실험 참가자들은 두 개의 항아리 중 하나를 골라 그곳에서 구슬을 꺼낼 수 있는 선택권을 부여받았다. 이때 빨간 구슬을 꺼내는 사람이 이긴다. 만약 당신이라면 두 개의 항아리 중 어떤 것을 선택하겠는가?

- 항아리 A : 10개의 구슬이 있고 이 중 1개가 빨간색
- 항아리 B : 100개의 구슬이 있고 이 중 8개가 빨간색

당신이라면 어떤 선택을 하겠는가? 한 번 상상해 보라. 이론적으로 보면 A의 승률은 10%, B의 승률은 8%이다. 보나마나 무조건 A를 선택해야 한다. 하지만 실험 결과 대학생 중 30~40%가 B를 선택했다. 그렇다면 미국 명문대 학생 10명 중 3~4명이 바보란 말인가?

그들은 추상적인 확률보다 머릿속에 그려진 빨간 구슬을 더 뚜렷하게 보았을 것이다. 빨간 구슬이 1개와 8가 있다는 것만 생각하고, 빨간 구슬을 감싸고 있는 9개와 92개의 흰 구슬은 생각하지 않은 것이다. 그들의 머릿속에는 오로지 빨간 구슬의 숫자만 기억날 뿐이다.

이 무의식적 반응이 우리를 엉뚱한 곳으로 안내한다. 누구를 탓할 수도 없다. 본인이 어리석은 선택을 하고 실망스런 결과를 맛보았다 해도 애써 체념하거나 스스로를 합리화시켜 버릴 테니까. 이런 현상에 대해 대니얼 카너먼은 이렇게 말했다.

"유창함, 생생함 그리고 상상하기 편리함이 결정 가중치 부과에 기여한다."

막연하게 숫자나 통계를 표현하기보다 바로 이미지를 떠올릴 수 있게 말

해 주면 사람들은 그 숫자나 통계가 주는 이미지를 바로 떠올리면서 결정적으로 그 이미지에 의해 판단하고 결정한다는 말이다. '10개 중 하나의 빨간 구슬'보다 '100개 중 8개의 빨간 구슬'이 더 눈에 들어오는 이유는 10개든 100개든 전체 분모와 상관없이 오로지 내가 승리할 수 있는 '1개와 8개의 구슬', 즉 분자에만 집중하기 때문이다.

이렇듯 ==오로지 발생 횟수나 빈도 등을 구체적으로 말할 때 우리는 그것에 더욱 크게 흔들린다.== 이른바 전체적인 배경이나 확률이 아닌 '구체적인 사실 프레임'에 사로잡히는 것이다.

뉴욕에 있는 빌딩이 비행기와 부딪혀 폭삭 무너질 확률보다 시내에서 교통사고를 당할 확률이 훨씬 높다. 그런데 필자의 지인 중에 매일매일 아무렇지 않게 대중교통이나 승용차를 이용하면서도 절대로 뉴욕에는 가지 않겠다고 말하는 사람이 있다. 그는 비행기 삯이 반으로, 그 이하로 내려가도 뉴욕에는 절대 가지 않겠다고 말한다. 이성적으로 확률을 따지기 이전에 본인이 접한 비행기 사고 영상이 너무나 무섭고 강렬했기 때문이다.

로또 복권 1등의 당첨 확률은 8,145,060분의 1이다. 어마어마한 수치를 보면 로또 복권을 구매하느라 돈을 날리느니 그 돈을 차곡차곡 모으는 것이 낫다. 하지만 아직도, 지금 이 순간에도 수많은 사람이 복권을 산다.

"누가 몇십억 원을 받았다고 그러더라."
"이곳에서 당첨자가 나왔대. 여기가 명당이야."

이와 같은 말이 많은 사람을 현혹시키는 것이다. 이 역시 전체 분모를 먼저 확인하는 것이 아니라 극히 소수인 분자에만 집중했기 때문이다. 30억 원, 40억 원 혹은 100억 원을 받았다는 구체적인 사실에만 집중하게 되어 너도나도 명당을 찾아 헤맨다. 가능성 없는 꿈을 현실로 받아들이면서 말이다.

바로 이러한 점을 실제 커뮤니케이션 상황에서 활용해 보자.

- 직장인이 하루에 직장에서 보내는 시간 비율 45%(2009년 통계청 발표)

45%가 적은 수치가 아니기 때문에 많은 사람이 이 발표를 보고 놀라워 했다. 하지만 여기에 더욱 구체적으로 상상할 수 있게 이미지를 떠올려 주면 더욱 실감 나는 커뮤니케이션을 할 수 있다.

- 통계청에서 조사한 결과, 직장인 평균 근무 시간은 2009년 기준 11시간이라고 합니다. 헤라클레스도 매일매일 이렇게 일하면 견디기 힘들겠죠. 우리의 가장들은 11시간을 견디면서 가족을 위해 열심히 일하고 있습니다. 자신의 건강은 돌보지도 못하면서 말이죠.(○○생명 정기보험)

확실히 45%보다 11시간이 강하게 와 닿는다. 그래서 45%보다 11시간이라는 말을 들었을 때 더 놀라고, 피곤함을 강하게 공감하게 된다.

"대한민국이 133개 분야에서 세계 1위 자리를 차지했습니다."라는 말을 듣고 깜짝 놀랐던 적이 있다.

'우리가 세계에서 1등을 기록한 것이 100가지가 넘다니! 이제는 거의 선진국 수준이구나. 정말 대단해.'

그런데 이 역시 전체 분모보다 분자에만 집중한 결과였다. 전 세계 1등을 분야별로 따지면 수만 가지가 넘을 텐데, 그중 겨우 133개의 분야에서만 1등을 했다니! 이러한 사실을 알게 되니 조금 쑥스러운 수치라는 생각이 들었다. 하지만 '대한민국이 133개 분야에서 세계 1위 자리를 차지했습니다'와 같은 표현이 엄청난 커뮤니케이션 효과를 일으킨 것은 분명하다.

그렇다면 이런 말하기는 어떨까?

- 우리나라가 전 세계에서 1등 자리를 지키고 있는 분야가 133개 정도라고 합니다. 반도체 생산량, 조선 수주량……. 상당히 많죠. 그런데 꼭 좋은 1등만 있는 것은 아닙니다. 중년 남성의 사망률이 세계 1등이라고 하네요. 과로, 술, 담배, 스트레스에 쌓여 있는 대한민국 위기의 중년 남성들! 오늘 그분들께 조금이나마 위로가 될 수 있는 이야기들을 준비했습니다.(○○생명 정기보험)

물리적으로 절대 변할 수 없는 숫자나 수치에 비교 대상을 설정해 놓고 이야기하면 물리적인 양은 변하지 않지만 사람의 감정으로 읽히는 양은 천차만별로 변할 수 있다. '7cm의 바퀴벌레'보다 '초코파이만 한 바퀴벌레'가 훨씬 더 크게 느껴지는 것처럼 말이다.

이런 커뮤니케이션도 좋은 방법이지만 그것보다 더 구체적으로 일어난 사실이나 횟수 등을, 다시 말해 극히 일부분일 수 있는 '분자'만을 언급해도 훌륭한 커뮤니케이션 효과를 누릴 수 있다.

우리의 머리는 특이하거나 다르거나 이상한 모든 것에 자연스럽게 집중하는 특징을 가지고 있다. 언젠가 홈쇼핑에서 어느 연예인의 이름을 걸고 냉면 방송을 한 적이 있다. 그 다음날 인터넷에 이런 검색어가 뜨면서 이슈가 되었다.

'○○냉면 1억 판매 매진!'

이 역시 대표적으로 1억이라는 사실, 즉 분자에만 집중한 결과이다. 일단 연예인의 이름을 딴 냉면이 특이하고 '1억'이라는 큰 액수가 연예인 냉면과 더불어 시너지 효과를 내면서 자연스럽게 많은 사람에게 관심을 받게 된 것이다.

아무리 미미한 수치나 확률이라 해도 그냥 간과해서는 안 된다. 만 번에

한 번이든 십만 번에 두 번이든 일어났다는 사실이 중요한 것이다. **분모보다 분자에 집중하라.** 그러면 사람들은 전체 확률을 따지기 이전에 분자, 즉 일어난 사건에 대해 집중하게 된다. 왜? 생각하기 편하니까. 머릿속에서 바로 상상이 되니까. 더구나 그 사건을 특이하거나 다르거나 이상하거나 위험하다고 느끼게 된다면 그 효과는 더 커질 수 있다.

TIP 소통의 점화 플러그 6

1. 사람은 비율이나 확률에 주목하기보다 단 한 번의 사실에 관심을 갖고 훨씬 더 오래 기억한다.(10중 추돌사고가 날 확률을 보는 것이 아니라 10중 추돌사고가 난 장소나 차종에 더 관심이 많다.)

2. 우리의 머리는 특이하거나 다르거나 이상한 모든 것에 자연스럽게 집중하는 특징을 갖고 있기 때문에 구체적으로 일어난 사실이나 횟수 등을, 다시 말해 극히 일부분일 수 있는 '분자'만을 언급해도 훌륭한 커뮤니케이션 효과를 볼 수 있다.

3. 단 한 번의 특별한 사실, 사건 때문에 누구나 흔들릴 수 있다. 이것이 분모가 아니라 분자에 집중해야 하는 이유이다.

source 7

보석상자 콘셉트를 활용하라

　대한민국 주부가 세상에서 믿는 게 딱 두 가지 있다고 한다. 그것은 바로 '학원'과 '홍삼'이다. 대한민국 사람의 홍삼 사랑은 대단하다. 사실 가격이 꽤 부담스러워서 살 때마다 고민하지 않을 수 없지만 그래도 건강이 최고라는 생각 때문에 적지 않은 출혈을 감수하고 지갑을 연다.
　홍삼에는 사포닌이라는 성분이 들어 있다. 사포닌은 몸의 면역력을 높여 주고 항산화 작용, 즉 노화를 방지해 주면서 피를 맑게 해 주고, 암세포를 억제해 주는 효과가 있다. 그야말로 건강을 위해서 '홍삼이 역시 최고'라는 생각을 하지 않을 수 없다. 우리가 원하는 보석 같은 기능이 다양하게 들어 있으니 어찌 그런 생각을 하지 않겠는가.
　홈쇼핑에서 여러 차례 홍삼을 판매했는데 욕심이 과했던 것인지, 홍삼에 대한 믿음이 과했던 것인지 생각보다 지지부진한 매출 때문에 속이 상한 경험이 있다. 방송에서 자주 노출하는 홍삼 식품의 스펙은 대충 이렇다.

- 주성분 : 대한민국 6년근 홍삼
- 보조 성분 : 황기, 당귀, 백작약, 감초 등 식물성 원료와 녹용, 영지버섯, 차가버섯, 오가피 등
- 생산 : 한국인삼공사
- 가격 : 180포에 25만 8천 원
- 특별 구성 : 홍삼원 60포 추가 증정, 각종 사은품 증정

인터넷으로는 꾸준히 잘나가는 히트 상품인데 이상하게 시청자의 반응이 싸늘했다. 풍성한 구성으로 무장하고, 세일을 해도 마찬가지였다. 고민을 하다가 보조 성분에 대한 설명을 모두 생략하고 오직 대한민국 홍삼의 우수성만을 부각시키기로 했다. 보조 성분들이 아무리 훌륭해도 하나하나 소개하자니 시간이 한없이 늘어지고, 자연스럽게 주성분인 홍삼에 대한 매력이 희석되고 강조가 약해져 이런 결정을 내린 것이었다. 필자는 방송 중에 6년근 수삼과 홍삼을 보여 주며 이렇게 말했다.

"6년 동안 농부의 손이 1,200번 이상 거친 귀한 삼입니다. 6번의 혹서기와 혹한기를 모두 이겨 내고 땅의 좋은 기운을 모두 빨아들여 보석으로 다시 태어난 6년근 홍삼입니다. 사포닌의 기운을 116년 전통의 회사에서 뽑아 냈습니다. 도저히 따라올 수 없는 노하우로 여러분의 몸을 지키세요."

이 방송 이후 조금 반응이 나타났다. 하지만 이것도 한계가 있었는지 시간이 흐르자 점점 반응이 무뎌졌다. 이쯤 되면 절로 한숨이 나온다. 방송 전에 협력사, 상품 담당자와 미팅을 가졌지만 뾰족한 수가 없었다. 각자 먼 산만 바라보다가 조건과 프로모션 내용 등만 확인하고 끝낼 수밖에 없었

다. 그렇게 무기력하게 방송을 앞두고 있는데, 갑자기 머릿속에 예전에 관심 있게 읽었던 책 내용이 번쩍 하고 떠올랐다. 정성희의 저서 《무의식 마케팅》에 이런 말이 나온다.

> 무릇 모든 세상사와 사물들은 내부가 있고 외부가 있는 상자와 같은 존재이다. 그리고 그 내부와 외부에는 각각의 의미가 담겨 있다. 그 의미는 사람을 끌어당기기도 하고 멀리하게도 한다. 따라서 이 상자들이 담고 있는 의미를 읽는다는 것은 새로운 기회를 포착한다는 뜻이고 역발상의 원천이 된다. 이 의미가 바로 제품과 서비스의 차별화된 콘셉트이며 스토리 테마인 것이다.

순간 '그렇지. 이 상품은 건강 보석 상자야. 건강 성분만으로 가득 찬 상자. 이 상품을 먹으면 누구든지 건강해지고 활력을 가질 수 있는 보물 상자처럼 포장해 보자. 대표 건강식품인 홍삼뿐 아니라 녹용, 영지버섯, 차가버섯, 황기, 당기, 감초 등 각종 건강식품이 들어 있으니 다이아몬드, 금 등 각종 보석이 담긴 보석 상자와 다를 게 뭐가 있겠어?'라는 생각이 들었다.

사실 표현 방법은 이전과 크게 다를 것이 없었다. 그 전에는 홍삼을 비롯한 각종 보조 성분을 가로로 진열해 놓고 카메라가 훑어 주는 방식이었다. 홍삼에 대해 말하기도 바쁜데 그러한 방식은 시간도 오래 걸릴 뿐 아니라 흐름이 끊겨 잘 나가다 옆길로 빠지는 듯한 느낌이 강했다. 우선 이 문제부터 바꿨다. 협력사에 큰 원형 쟁반에 중앙은 비워 놓고 녹용, 영지버섯 등 보조 성분들을 배치해 달라고 요청했다. 그러고는 방송 마지막에 비어 있는 가운데 부분에 홍삼 진액을 쏟아부으며 이렇게 말했다.

"잘 보세요. 이 쟁반은 몸에 좋은 것들로만 채워져 있습니다. 녹용 보이

시죠? 그 옆에 영지버섯과 차가버섯도 있네요. 황기, 당귀, 감초도 있고! 이것들 중 하나만 꾸준히 먹어도 몸에 얼마나 좋겠어요. 그런데 이것들은 조연일 뿐입니다. 이 쟁반의 주연은 바로 이 홍삼 농축액입니다. (이때 쟁반 중앙에 홍삼 농축액을 쏟아붓는다.) 이 모든 것이 바로 이 안에 들어가 있습니다. 이 정도면 건강이니, 활력이니 생기지 말라고 해도 저절로 생기지 않을까요?"

간단한 방법이었지만 그동안 그 누구도 생각하지 못한 큰 변화였다. 이로써 시청자들이 드디어 반응을 보였고, 그 어느 때보다 매출이 올라갔다. 한눈에 보여 주니 그야말로 '건강식품으로 가득한 보석 상자'라는 느낌이 강하게 전달된 것이다. 여기에 '홍삼=보석 상자'라는 이미지를 떠올릴 수 있는 은유적 코멘트를 덧붙였다.

"여러 종류의 책을 읽으면 머리가 좋아지죠? 마찬가지로 좋은 식품들을 골고루 먹어야 몸이 좋아집니다. 전 세계 학계가 인정한 홍삼! 여기에 몸에 좋은 각종 성분이 합쳐졌습니다. 이 안에 모두 담겨 있습니다."

"11년 만의 가뭄 때문에 여기저기에서 아우성이죠? 단순히 비만 오지 않는 것이 아니라 타는 듯한 무더위 때문에 우리 체력도 가뭄이 심합니다. 가뭄은 물만 있으면 해결되지만 우리 몸에는 각종 영양 성분이 필요합니다. 이 안에 모두 넣었습니다. 편안하게 음료처럼 마시기만 하면 됩니다. 그야말로 내 몸을 위한 건강 요술 램프 아닌가요?"

불고기를 방송할 때도 똑같은 방법을 사용했다. 불고기는 원래 여러 가지 재료가 들어가는 요리이다 보니 고기 외에 어떤 재료를 사용했는지도 중요한 구매 포인트가 된다. 주부 입장에서는 고기의 원산지도 중요하지만 부재료의 원산지도 상당히 신경 쓰인다.

이때도 마찬가지이다. 불고기가 한우인 것만을 강조하면 부재료에 대한 소개가 부실해질 수밖에 없고, 또 부재료를 강조하자니 한우 불고기를 부각시키기가 쉽지 않다. 그래서 홍삼을 판매했을 때와 마찬가지로 불고기 시식을 하는 테이블 옆에 작은 테이블을 준비해 주재료인 한우 원육을 놓고 주위에 보조 재료들을 빙 둘러 배치시켰다.

"주재료인 소고기가 한우인 것도 중요하지만, 부재료가 무엇인지도 따져 봐야 합니다. 보세요. 한우 불고기에 국내산 채소를 넣었고요. 원육을 부드럽게 하기 위해 각종 과일도 넣었습니다. 이런 재료를 하나하나 구입해서 요리하는 게 쉽지 않죠? 그래서 맛과 정성이 다릅니다."

보석 상자 콘셉트를 이용한 표현 방법은 홈쇼핑에서만 유효한 것이 아니다. 프레젠테이션을 할 때 소개할 만한 내용이 많으면 과감하게 빼 버리고 세 가지로 압축하여 표현하라는 충고를 많이 들어보았을 것이다. 하지만 ==아무리 포인트가 많다 하더라도 하나로 통합해서 표현할 수 있다면 세 가지로 압축하는 것보다 훨씬 더 훌륭한 성과를 얻을 수 있다. 여러 가지 장점이 가득한 '보석 상자'로 인식할 수 있기 때문이다.==

좋은 점이 많을수록 더 훌륭하게 보이는 법이다. 또 각각의 장점이 모여 한계를 뛰어넘는 초월적인 존재로 보일 수도 있다. '보석 상자'라는 이미지가 제대로 전달되면 누구든지 자연스럽게 호기심을 보인다. 상자 안에 무엇이 들었는지 확인하고 싶고, 갖고 싶은 것이 사람의 본능이니까.

"그 사람은 유능하고, 똑똑하고, 인간성도 훌륭한 데다가 얼굴까지 잘생겼어."라는 표현보다 "그 사람은 그릇이 참 커."라는 표현이 더 함축적이고 세련되고 더 큰 무언가를 담고 있는 듯한 느낌이 들지 않는가?

앞서 밝혔듯이 누구든지 상자 속에 무엇이 담겨 있는지 호기심을 갖기 때문에 그것이 무엇이든 '놀라움으로 가득 차 있는 상자'로 표현할 수 있다면 더욱더 강한 인상을 전달할 수 있다.

> **TIP 소통의 점화 플러그 7**
>
> 1. 모든 세상사와 사물들은 겉과 안이 있는 상자와 같은 존재이다. 그리고 그 내부와 외부에는 각각의 의미가 담겨 있다. 그래서 그 내부를 표현할 때 무엇이든 '놀라움으로 가득 차 있는 상자'로 표현할 수 있다면 더욱 강한 인상을 전달할 수 있다.
>
> 2. 사람은 일단 상자라 하면 열고 싶어 하고 알고 싶어 한다. 그 안을 반짝거리는 보석으로 표현하라.

source 8

고정관념을 살짝 틀면
대화를 주도할 수 있다

'우울증은 마음의 감기이다.'

이 말을 들어본 적이 있는가. 어느 제약회사의 항우울제 광고 카피이다. 처음 이 광고 카피를 보았을 때는 그다지 주의 깊게 살피지 않았다. 그런데 필자의 머릿속에 오래도록 남아 있다.

'우울증은 감기?'라는 문구를 통해 무의식은 곧바로 '감기'가 우리에게 주는 고정관념을 떠올리게 한다. 그리고 우울증 역시 감기처럼 누구나 쉽게 걸릴 수 있고, 언제든지 쉽게 구할 수 있는 약으로 간단하게 치료할 수 있다는 것을 인식시킨다.

우울증은 분명 약 하나로 간편하게 해결할 수 있는 질병이 아니다. 하지만 이 광고는 한마디의 말로 우리의 무의식을 자극해 기존의 프레임을 바꾼 훌륭한 광고라고 할 수 있다.

우리는 늘 인간의 행동이 합리적이라고 생각하고 그 생각이 만들어 낸 기준에 의해 정확하게 판단한다고 믿는다. 하지만 이는 스스로 파 놓은 함정일 뿐이다. 결론적으로 말하면 사람은 앞서 보았던 광고 카피처럼 기존에 경험을 통해 알고 있던 자동적인 사고를 뒤흔드는 기준이 등장하면 우리의 사고를 감싸고 있는 무의식이 자극되어 마음이 변한다.

마음이 변한다고 해서 뭔가 손해 보거나 속았다는 생각은 금물이다. 지금껏 누구도 생각하지 못했던 무의식의 세계를 조금씩 알아 나가는 과정이라 생각하라. 그래야만 결국에는 우리를 감싸고 있는 각각의, 때로는 공통적인 무의식의 실체를 파악하여 흔들리지 않는 자신만의 적응력을 기를 수 있다.

홈쇼핑에서 정수기를 판매한 적이 있다. 방송을 하기 하루 전에 과연 이 정수기를 기존의 방식과 어떻게 다르게, 어떤 스토리를 활용하여 판매해야 할지 곰곰이 생각했다.

- 월 19,900원의 저렴한 관리비
- 꼼꼼한 필터 시스템
- 주방의 명가에서 만든 정수기(타사 대비 인지도와 신뢰도가 높은 브랜드)

지금까지 사용한 이런 방식은 타사의 정수기 방송과 다를 것이 없었다. 기본적인 포인트를 뺄 수는 없었지만 좀 더 효과적으로 시청자들이 가지고 있는 정수기에 대한 프레임을 바꿀 만한 표현들이 필요했다. 기능적인 장점보다 정수기에 강한 신뢰감을 보일 수 있는 소구 포인트가 무엇일까 생각하던 중에 사람들이 정수기를 사용하는 이유를 메모해 보았다.

- 수돗물이 의심스럽다.
- 가족의 건강을 위해 필요하다.

그렇다면 수돗물이나 상수도에 대한 의심을 이야기해야 할까? 절대 안 된다. 보도 방송도 아니고 홈쇼핑 방송에서 상수도가 의심스럽다느니, 상수도관이 더럽게 느껴진다든지 하는 식의 코멘트는 금물이다. 상업 방송에서 정부 시설 및 인프라를 비난할 수는 없다. 그렇다면 좀 더 나아가서 '물을 의심하는 이유는 뭘까?'를 생각해 보았다. 금방 답이 보였다.

- 물이 깨끗한지의 여부를 눈으로 구별할 수 없다.

그래서 19,900원으로 깨끗한 물을 사용한다는 경제적인 논리와 훌륭한 정수 시스템에 대해 이야기하는 것보다 우리가 깨끗한 물을 어떻게 구별할 수 있는지 근본적인 메시지를 준비하기로 했다.

필자의 이러한 제안이 받아들여진다면, 정수기 수요로 자연스럽게 이어질 것이라 판단했다. '깨끗한 물'은 생명을 좌우하는 필수 요소이지만 그 누구도 마음 내키는 대로 제어할 수 없는 대상이기 때문에 충분히 시청자들의 마음을 흔들어 놓을 수 있을 것 같았다.

"눈으로 볼 때는 언제나 깨끗합니다. 하지만 사실 깨끗한 게 아니죠. 사람의 눈으로는 구별할 수 없습니다. 그래서 깨끗한 물이 나오는 정수기가 필요한 것 아니겠어요?"

"예전에 천연 암반수 맥주가 나와 맥주 시장의 판도가 바뀌지 않았습니까. 이렇게 맥주도 깨끗한 물로 만들어졌다고 안심하는데 우리가 매일 마시는 물은 당연히 깨끗해야 하죠. 그런데 물의 깨끗함은 우리가 직접 확인할 수 없습니다."

"가족을 위해 맛있는 음식을 만드시는 주부님들, 그 음식을 깨끗한 물로 만드시나요? 자신 있게 '네'라고 대답하실 수 있으세요? 그저 그렇다고 믿고 싶을 뿐이겠죠. 가족들의 건강을 위해서는 맛있는 것보다 깨끗한 것이 먼저입니다."

이렇게 '깨끗한 물'에 대한 우리의 제어 상실을 언급한 뒤 정수기만의 장점들을 쏟아 냈다. 아주 쉽다.
"지금 마시고 있는 물이 깨끗한가요? 어떻게 증명하죠?"
이 한마디로 생각을 바꿀 수 있다. 그저 당연하게 깨끗하다고 여겼는데, 그게 아닐 수도 있다는 생각이 드니 어찌 고민하지 않을 수 있겠는가. 물에 대한 근본적인 믿음을 흔드니 사람들의 마음 역시 흔들렸다. 이는 사람들의 머릿속에는 물에 대해 무조건 안전하다는 기계적이고 자동적인 무의식이 깔려 있기 때문이다.
'집에서 마시는 물은 위생적으로 문제가 없다.'
필자는 이런 고정관념과 기준이 흔들린다면 물은 물론, 정수기에 대한 프레임도 자연스럽게 바뀔 수 있을 것이라 예상했고, 다행스럽게도 좋은 결과가 나왔다.

사람들은 나이가 많아질수록 보수적으로 바뀐다고 한다. 이는 그만큼 오랜 세월 쌓아 온 경험들이 한꺼번에 뒤바뀌는 것을 두려워한다는 증거이기도 하다. ==익숙한 것에 대한 편안함, 안도감이 위협을 받으면 사람들은 두려워하거나 혼란에 빠진다.== 이런 무의식을 이용해 새로운 제안을 하고, 그 제안으로 말미암아 그 전보다 더 편안하고 안정감 있는 생활을 영위할 수 있다는 스토리를 덧붙인다면, 이것이야말로 우리가 흔히 말하는 '창의적인 사고' 방식 중 하나가 되는 것이다.

'무의식'은 겉으로 표현되지 않아 잘 알아볼 수 없지만, 우리의 결정과 사고방식은 90% 이상 '무의식'에 기대고 있다. '의식'은 우리 전체 마음의 10% 정도일 뿐이고, '무의식'을 포장하고 합리화하는 대변인일 뿐이다. 문제는 '의식'이 차지하는 의심과 경계의 여과장치를 어떻게 돌파하느냐 하는 것인데, 이 돌파의 핵심은 무의식을 어떻게 흔드느냐에 달려 있다.

==익숙한 생각이나 고정관념을 항상 경계해야 한다. 그리고 전혀 상관없이 보이는 것이라도 어떻게든 공통점을 찾아 연결해 보려는 노력을 해야 한다.== '우울증=감기', '투명한 물=더러울 수도 있는 물'이라는 등식은 누구든지 만들 수 있다. 조금만 더 생각하라.

> **TIP 소통의 점화 플러그 8**
>
> 1. 어떤 사물이든 자연스럽게 떠오르는 고정관념이 있다. 고정관념을 깨고 새로운 기준이나 경험을 제시하라. 그것이 신선할수록 무의식의 프레임은 바뀌게 된다.
> 2. 전혀 상관없이 보이는 것이라도 공통점을 찾아 연결해 보는 노력을 해 보라. 계속해서 시도할수록 표현력은 더욱 절묘해지고 세련될 것이다.

source 9
포인트를 잡아
슬림하게 커뮤니케이션하라

이외수의 저서 《아불류 시불류》에 이런 글이 나온다.

독한 소주라 하더라도 알코올이 25% 정도 혼합되어 있는 물에 불과하다. 당신은 내가 날마다 소주에 절어 있다는 표현을 쓰지만, 사실 나는 순도 75%의 물을 즐기면서 살아갈 뿐이다.(술꾼 친구의 주장)

독한 술로만 인식되었던 소주가, 입에 닿는 순간 눈살을 찌푸릴 것만 같은 소주가 말 한마디로 물로, 그것도 아주 부담 없는 물로 바뀐 것 같다. 소주병을 코에 대면 지금까지는 독한 알코올의 향이 떠올랐는데, 이 글을 읽고 나니 알코올이 아니라 물의 향이 코로 전해지는 느낌이다. 당장 누구라도 만나서 술잔을 기울이고 싶다.

무엇보다 이 표현이 기가 막힌 것은 지금까지 경험한 '소주는 독주'라는 당연한 경험적 판단을 '소주는 75%가 물'이라는 은유적 스토리를 통해 '소주'의 부정적 이미지들을 털어 내고, 지금까지 아무도 생각하지 못했던 긍정적 커뮤니케이션 효과를 만들어 냈다는 것이다.

이것이 바로 무의식의 힘이다. 그동안 어떤 대상이든 부정적이고 좋지 않은 경험을 갖고 있다 하더라도 긍정적인 스토리로 표현할 수 있다면 순식간에 평범한 청년이 괴력의 스파이더맨으로 변신하듯 대상의 이미지를 탈바꿈할 수 있고, 그 대상을 바라보는 사람들의 판단도 바꿀 수 있다.

하나를 배웠으니 바로 활용해 봐야겠다고 생각했다. 마침 홈쇼핑에서 '굴비'를 판매하게 되었다. 이전까지 홈쇼핑 먹을거리 방송은 상품의 특징에 대해 설명한 뒤 몇 마리를 주는지, 크기는 얼마나 되는지, 가격은 얼마인지 등 비교적 간단한 척도만을 가지고 방송 시간 내내 반복해서 말했다. 필자 역시 마찬가지였다. 그래서 일종의 프로모션, 즉 판매 조건에 따라 매출이 좌지우지되는 비율이 상당히 높았다.

하지만 단순하게 프로모션에만 의지할 것이 아니라 '굴비' 자체가 가지고 있는 경험적 속성들을 파악한 다음, 다시 말해 '굴비' 하면 곧바로 떠오르는 무의식 등 공통적인 스토리들을 바탕으로 새로운 은유를 개발할 수 있다면, 굴비에 대한 새롭고 신선한 스토리가 생길 것이라 생각했다. 결국 그 스토리가 적합하면 시청자들이 프로모션에 구애받지 않고 상품에 관심을 가질 것이 분명했다.

필자는 우선 입맛을 돋우는 대표 먹을거리인 굴비에 어떤 경험적인 속성들이 있는지 차근차근 짚어 보았다.

- 굴비는 비싼 반찬이다.
- 엄마는 반찬 때문에 항상 고민한다.

- 엄마는 제한된 돈으로 맛있는 먹을거리를 사고 싶은 마음이 강하다.
- 비싸게 구입하더라도 가족이 맛있게 먹는 모습을 보면 엄마는 기분이 좋다.
- 가족이 반찬이 맛있다며 한마디씩 해 주면 엄마는 더 큰 기쁨을 느낀다.
- 식탁은 식구들이 바쁜 일상에서도 모처럼 모일 수 있는 곳이다.
- 식탁은 가족이 대화를 할 수 있는 장소이다.
- 가족이 모여 있는 곳의 분위기가 좋다면 그것 또한 엄마의 기쁨이다.
- 그래서 엄마는 식탁에 더욱 맛있는 반찬을 올리고 싶어 한다.
- 가족의 화목은 맛있는 반찬이 만들어 낼 수도 있다.

이런 과정을 거치니 '반찬 걱정', '장바구니 물가'에만 머물던 생각에서 벗어나 새로운 스토리를 만들어 낼 수 있었다.

'그래! 맛있는 반찬은 식탁 분위기를 즐겁게 만들 수 있는 믿을 만한 무기이다. 결국 이 반찬은 주부가 준비할 테고, 결국 주부는 맛있는 식탁을 만듦으로써 가족의 분위기를 통제할 수 있겠구나.'

생각이 확장되자 이 내용들을 스토리로 만들면 방송을 보는 주부들에게 새롭고 긍정적인 제안을 할 수 있을 것이라는 확신이 섰다. 누구나 '맛있는 반찬'에 대한 기분 좋은 기억을 가지고 있기 때문이다.

스토리를 만들어 내는 것은 그다지 어렵지 않았다. 지금까지 주부들 각자가 지니고 있는 축적된 경험들을 긍정적으로 기억하고 꺼낼 수 있는 스토리를 개발하여 주부들이 반찬에 대해 쌓아 놓은 경험들과 결부시켜 새로운 스토리를 만들어 내면 되었다.

그로 인해 '굴비는 식탁의 분위기 메이커'라는 은유를 만들어 다음과 같이 코멘트했다.

"반찬에 따라 가족들의 표정이 달라지지 않나요? 식사를 하는 동안 가족들의 표정이 밝아지길 원하시나요? 그렇다면 이 시기에 가장 맛이 좋다는 굴비를 추천합니다. 남녀노소 좋아할 맛입니다."

"가족들이 모처럼 식탁에 둘러앉았는데 분위기가 삭막하면 어떨까요? 반찬이 훌륭하면 가족들의 표정은 절로 환해집니다. 맛있는 반찬 앞에서 어떻게 분위기가 어두워질 수 있겠어요. 여러분의 선택에 따라 식탁의 분위기가 달라집니다. 이 굴비로 분위기 한 번 살려 보시겠어요?"

"굴비는 생일이나 명절에만 밥상에 올라오던 귀한 반찬이었습니다. 귀한 반찬이 밥상에 올라오면 분위기가 어떨까요. 상상만 해도 즐겁지 않으신가요? 이 굴비가 분위기 메이커 역할을 해 줄 것입니다. 늘 생일인 것처럼, 명절인 것처럼 식사하세요."

방송 자체 프로모션이 좋았는지 아니면 숨어 있던 주부들의 무의식을 자극했는지 이날 방송의 매출은 상당히 좋았다. 위와 같은 멘트를 할 때마다 주문전화 상황을 나타내는 그래프가 움찔하며 상승하는 것을 확인할 수 있었다. '맛있는 반찬=즐거운 추억'이라는 프레임이 잘 맞아떨어진 결과인 것 같다.

경험으로 축적된 무의식도 부정적인 것보다 긍정적인 면을 부각하는 것이 더욱 효과적이다. 가족의 표정을 환하게 해 줘서 집안 분위기를 바꿔 주는 맛있는 반찬을 머릿속에 떠올려 보라. 정겹게 느껴지는 것은 물론, 생각보다 많은 돈을 썼더라도 마음이 흡족할 것이다. 끔찍했던 경험이라 해도 곰곰이 생각해 보면 그 안에 긍정적 요소가 있다. 그것을 발견하면 상황을 역전시킬 수 있다.

연못은 냄새가 나고 더럽고 벌레가 득실거린다. 하지만 그곳에서만 연꽃이 피어난다. 이때 연꽃의 꽃말 '청결', '신성', '아름다움'에 대해 이야기한다면 누구라도 한 번쯤 눈으로 보고 싶어 하지 않을까. 숨어 있는 요소, 미소가 살며시 번질 수 있는 포인트를 찾아라. 짧고 간결하면서 슬림한 커뮤니케이션은 상대방이 누구라도 관심을 끌 수 있다.

TIP 소통의 점화 플러그 9

1. 은유를 통한 표현은 대상 자체의 고정적인 이미지나 스토리, 속성들을 단숨에 바꿀 수 있는 파괴력을 지니고 있다.

2. 훌륭한 은유 표현을 위해서는 우선 대상이 가지고 있는 경험적이고 즉각적인 속성들을 나열해 볼 필요가 있다.

3. 경험적인 속성 중에서 긍정적인 요소를 뽑아 스토리를 만들고 은유로 표현하라. 암울한 분위기도 금방 역전시킬 수 있다.

source 10

마음의 균형을 잡아주면 상대방은 저절로 움직인다

일하는 시간 세계 평균 2위! 1인당 술 소비량 세계 3위!

이것이 바로 격무와 스트레스에 꽁꽁 묶인 대한민국의 현주소이다. 우리나라 사람들은 왜 이렇게 술을 많이 마시는 것일까? 이렇게 많은 음주량은 우리의 스트레스 양과 비례한다고 할 수 있다. 대부분의 직장인은 주말이나 휴일보다 평일 퇴근 후에 술을 많이 마신다. 따라서 함께 술을 마시는 사람은 직장 동료일 확률이 높다.

많은 사람이 술의 힘을 빌려 직장 동료들과 함께 직장에서 있었던 언짢은 일, 직장에 대한 불만, 상사에 대한 뒷담화 등을 쏟아 내며 그 날의 스트레스를 푼다. 그리고 또 다음날 아침 일찍 일어나 출근을 한다. 속은 불편하지만 그래도 기분은 조금 풀린 것 같다.

그렇다면 여기에서 질문! 직장인들이 가장 술을 많이 마시는 요일은 언제일까? 언뜻 금요일이라 생각할 수도 있지만 답은 월요일이다. 일주일 중에서 업무 스트레스 강도가 가장 높은 날이기 때문이다. 일주일을 시작하는 날이니 새로운 일이 생길 가능성이 크고, 지난 주 업무 점검을 진행하기 때문에 그만큼 스트레스가 많이 쌓인다. 회사 안에 존재하는 모든 것, 즉 업무, 직장 상사가 끊임없이 괴롭히니 어찌 술 한잔하지 않을 수 있겠는가. 이렇듯 술은 나를 괴롭히는 스트레스를 풀어 주어 지친 우리에게 새로운 활력과 위안을 제공한다.

《무의식 마케팅》의 저자 정성희는 대한민국에서 술이 우리에게 주는 무의식적 의미에 대해 이렇게 정리했다.

> 영혼의 정화를 뜻하는 카타르시스의 원래 의미는 신체적인 거북함을 외부 자극을 통해 배출시킴으로서 균형감을 회복하는 것이다. 술자리는 내면에 쌓인 거북하고 좋지 않은 기억들을 밖으로 토해 내게 하는 외부 자극이며 카타르시스를 경험하는 곳이다. 따라서 직장 동료와의 술자리는 직장인의 존재감을 유지할 수 있도록 '균형'을 잡아 주는 의식인 것이다.

술을 전혀 마시지 못하는 사람이라면 술이 아닌 또 다른 무언가, 즉 운동, 쇼핑, 이성과의 데이트, 본인만의 특별한 취미 활동을 통해 마음의 균형을 잡을 것이다. 우리의 균형을 잡아 주는 것이 무엇이든 그 모든 것에는 하나의 공통점이 있다. 모두 '돈'이 들어간다는 것이다. 그래서 ==어떤 서비스든, 상품이든 균형을 갈망하는 우리의 무의식을 테마로 스토리를 개발할 수만 있다면 좀 더 적극적이고 효과적인 마케팅을 할 수 있다. 모든 인간은 어딘가 균형이 무너지면 본능적으로 회복을 위해 힘쓰기 때문이다.==

감기 기운이 있으면 더 심해지기 전에 알아서 감기약을 먹고, 의도하지 않게 식사를 많이 해 속이 더부룩하면 알아서 소화제를 먹는다. 또한 회식하기 전에 숙취를 예방하기 위해 숙취 해소제를 마신다. 이 모든 것은 신체의 불균형을 막기 위한 작업이다.

'보험처럼 마셔라.'

요즘 가장 인기 있는 숙취 해소제의 메인 광고 카피이다. 대부분의 사람은 알 수 없는 미래에 대비하기 위해 보험에 가입한다. 광고는 이러한 점을 노려 '술 때문에 그 다음날 얼마나 힘들까?'라는 막연한 두려움을 '보험'이라는 은유를 통해 절묘하게 표현했다. 이 역시 무엇이든 '균형'을 이루려는 우리의 무의식을 자극하는 방법이다.

감기약이든, 소화제든, 숙취 해소제든 모두 '균형'을 유지하기 위한 우리의 당연한 활동이고, 아무도 알아채지 못하지만 누구나 마음속에 강하게 자리 잡고 있는 '균형 무의식'이다.

홈쇼핑에서는 술, 토지, 건물 정도를 제외하고는 무엇이든지 판매할 수 있다. 다시 말해, 홈쇼핑에는 '균형'을 매개로 하여 시청자와 교감할 수 있는 상품이 셀 수 없이 많다는 것이다.

'과연 무엇이 있고, 어떤 스토리를 만들 수 있을까?'에 대해 고민하던 중 홈쇼핑에서 여행 상품을 판매하게 되었다. 최근에 휴양지로 각광받고 있는, 무엇보다 노을이 아름답기로 유명한 코타키나발루였다. 다른 동남아시아 휴양지에 비해 많이 알려지지는 않았지만 그곳만의 독특한 분위기 때문에 다녀온 사람들에게 만족도가 상당히 높은 곳이었다.

다른 여행지에 비해 놀이 시설이나 유흥가가 발달하지 않아 활동성이 떨어지는 것이 흠이라면 흠이었지만 온전히 휴식을 위한 휴가, 충전을 위한 휴가라는 콘셉트를 강조한다면 반응이 괜찮을 것 같아 고민에 고민을 거듭했다.

무엇보다 균형을 갈망하는 우리의 무의식을 생각한다면 어떤 스토리를 개발하느냐에 따라 매출이 달라질 수도 있다고 판단했다. 여행 경비에 대한

메리트, 럭셔리한 호텔 등도 나름 장점이었지만, 이번만큼은 균형을 어필할 수 있는 커뮤니케이션을 하겠다고 마음먹었다. 그래서 스트레스에 시달리고, 세계에서 가장 일을 많이 하는 올빼미 직장인들이, 그만큼 시간적인 여유가 없는 사람들이 오로지 자신만을 위한 공간에서 마음껏 자유를 느끼고, 재충전을 통해 심신의 균형을 이룰 수 있다는 스토리를 고민했다.

하지만 쉽사리 좋은 스토리가 떠오르지 않았다. 한참을 고민에 빠져 있는데, 우연히 펼친 어느 잡지에서 이런 광고 카피를 보게 되었다.

'할리를 산다는 것은 단순히 오토바이를 사는 것이 아니다. 그것은 치료이다.'

할리라는 바이크를 통해 고소득 전문직 종사자들이 얻는 것은 마음의 안정이다. 비싼 돈이 전혀 아깝지 않은 것은 단조로운 일에서 벗어날 수 있고, 반복되고 쌓이기만 하는 스트레스를 단숨에 날려 버려 마음의 안정을 찾을 수 있기 때문이다. 이것 역시 '균형'이다. '치유'라는 단어가 눈에 들어오자 거침없이 스토리를 준비할 수 있었다.

"어린 왕자는 어느 슬픈 날 해가 지는 것을 44번이나 봤다고 합니다. 저녁노을을 보면서 힘든 마음을 달랬다는 말이죠. 일상에서 지친 여러분의 몸과 마음을 달래 줄 곳이 있습니다. 자유와 평화 속에서 나를 되찾을 수 있는 곳! 바로 코타키나발루입니다."

"그저 멍하니 석양을 바라보는 것만으로도 우리는 큰 호사를 누리는 것입니다. 지금 이곳에서는 아주 잠시의 여유도 허락되지 않잖아요. 코타키나발루를 다녀온 분들은 '그곳은 일상에 찌든 나에게 종교 같은 편안함을 안겨 주었다'고 말합니다."

"'내가 이렇게 편해도 되는 건가?'라는 생각이 들 정도로 즐거움과 자유가 있는 곳! 코타키나발루로 떠나 보는 건 어떨까요? 1년 365일 중에서 최소한 5~6일쯤은 이런 자유가 필요합니다."

"힘든 일상과 스트레스의 영역에서 잠시 벗어나 자유와 아름다움의 영역으로 순간 이동을 해 보는 것은 어떨까요? 꽉 막혀 있던 무언가가 확 열리는 쾌감을 맛볼 수 있을 것입니다."

"코타키나발루에 다녀온 누군가가 이렇게 말했습니다. '그림 속에 있었던 것 같아.' 이 말보다 더 훌륭한 표현이 있을까요? 그림같이 아름다운 곳으로 떠나세요. 지친 당신의 마음을 회복시켜 줄 것입니다."

모든 사람이 본능적으로 지니고 있는 어리석음 중 하나가 바로 '자기중심성'이다. 자신의 판단이 항상 합리적이고 객관적이라는 착각, 자신이 이 세상에서 가장 힘들고 외롭고 바쁘다는 착각, 자신이 가장 고통스럽게 살고 있다는 착각, 왜 남들은 내 생각을 알아주지 않느냐는 착각에 빠져 있는 것이다. 이런 자기중심성 때문에 우리 마음속에 균형 무의식이 더욱 깊게 뿌리내리고 있는 것은 아닐까.

다른 사람들보다 더 외롭고 바쁘고 힘들기 때문에 그것을 치유하고 보상받기 위해 더 많이 지출하고, 더 자주 지갑을 연다. 어찌 보면 남들보다 잘 살기 위해 무조건 바쁘고 정신없이 살아가야 하는 현대인들의 슬픈 모습이 아닐까 싶다.

또한 이 세상이 천국이 되지 않는 한 균형 무의식, 무엇이든 균형을 이루고 싶어 하는 욕망은 그 누구에게서나 찾을 수 있다. '상대방이 균형을 잡지 못할 만한 포인트가 무엇이 있을까?', '내가 말하고 있는 장점으로 상대방이 마음의 균형을 잡고 평안함을 느낄 수 있을까?' 이것만 제대로 파악할 수 있다면 누구라도 두렵지 않다. 얼마든지 쉽게 커뮤니케이션 할 수 있는 훌륭한 도구가 마련된 셈이다.

> **TIP 소통의 점화 플러그 10**
>
> 1. 사람은 누구나 '균형'을 갈망하는 무의식을 가지고 있다. 뭔가 심신의 밸런스가 무너졌다고 느끼면 자신도 모르게 균형을 잡기 위해서 자동으로 움직인다.
> 2. 내가 말하고 있는 장점으로 상대방이 마음의 균형을 잡고, 평안함을 느낄 수 있을까? 이것만 제대로 파악한다면 훌륭한 커뮤니케이션은 저절로 따라온다.

source 11

좋은 향기로
최상의 커뮤니케이션을 하라

백화점에 들어가면 기분이 좋아진다. 왜 그런 것일까? 멋지고 화려한 제품들이 진열되어 있기 때문일까? 아니면 고가의 장식물로 꾸며진 공간 안에 서 있는 자신의 모습이 만족스럽기 때문일까? 그것도 아니면 커다란 쇼핑백을 들고 백화점 안을 여유롭게 누비며 쇼핑을 즐기는 만족감 때문일까? 모두 다 의미가 있고, 맞는 말이다.

필자가 언급한 이유들은 모두 우리의 감각 기관 중 시각과 관련되어 있다. 시야에 들어오는 대부분의 대상이 훌륭하니 어찌 만족감을 느끼지 않겠는가. 하지만 시각적인 것에만 얽매여 있으면 안 된다. '백화점에 들어가면 기분이 좋아지는 이유'에는 우리가 지금까지 전혀 의식하지 못했지만 우리 스스로를 움직이게 하는 엄청난 비밀이 숨어 있다. 그것은 바로 자동적으로 우리의 정서를 움직이는 장치 '후각'이다. 많은 사람이 후각의 영향력에 대해서는 그다지 후한 점수를 주지 않지만 결코 간과해선 안 되는 감각

기관이다.

엘리자베스 페이스는 저서 《쇼핑의 심리학》에서 후각이 우리 정서에 얼마나 많은 영향을 미치는지에 대해 이렇게 설명했다.

> 시각 다음으로 중요한 감각이 바로 후각이다. 과거를 회상할 때도 당신의 코는 눈보다 좋은 길잡이 역할을 한다. 후각위원회에 따르면 사람들은 1년 후에도 냄새를 65% 기억하지만, 사진에 대한 시각적 기억은 3개월만 지나도 50%로 떨어진다고 한다. 하루에 우리가 만들어 내는 모든 감정의 75%가 냄새의 영향을 받는다.

백화점에 들어서자마자 우리를 반기고, 우리의 마음을 행복하고 들뜨게 만드는 것은 눈에 들어오는 화려한 내부가 아니라 코를 통해 들어오는 백화점 특유의 향이다. 일단 기분 좋은 향을 맡으면 기분이 한결 가벼워지고 말할 수 없는 행복감을 느끼게 된다. 그런 마인드로 주변을 살펴보니 어찌 아름답지 않겠는가. 상황이 이러하니 쇼핑을 하며 적지 않은 돈을 사용해도 태연할 수 있고, 나를 행복하게 해 준 그 장소를 또다시 찾게 되는 것이다. 그러고는 늘 자신의 행동에 정당성을 부여한다.

"난 쇼핑할 때 언제나 합리적이야. 사실 뚜렷하진 않았지만 무언가 필요한 것이 있을 것 같아 백화점에 간 것이고, 그곳에서 마침 내게 딱 필요한 물건을 산 거야. 백화점은 뭔가 달라. 뭘 사도 참 고급스럽단 말이야. 나랑 딱 어울려."

뇌 근육을 움직이게 하려면 일반 근육보다 22배나 많은 에너지가 필요하기 때문에 우리는 좀처럼 머리를 쓰지 않는다. 의식적으로 머리를 사용하지 않아도 웬만한 일은 그동안의 경험으로 어렵지 않게 해결할 수 있다. 그래서 ==수많은 경험으로 축적된 행동이나 과거에 특별한 기억이 있었던 일에==

대해서는 뇌 근육을 가동시키지 않고 무의식이 시키는 대로 행동한다.

그로 인해 백화점의 향기는 우리가 미처 생각하기도 전에 우리의 뇌를 기분 좋은 상태로 만들어 준 것이고, 그 상태에서 행동한 모든 것은 대부분 좋은 기억으로 자리 잡는다. 이것이 반복되면서 '백화점=나를 행복하게 해주는 곳'이라는 등식이 자연스럽게 성립된다.

백화점에 들어서자마자 접하게 되는 매력적인 향기는 이 공식이 성립되는 데 가장 큰 역할을 한 일등 공신 중 하나일 수 있다. 하지만 대부분의 사람은 그러한 향기에 대해 전혀 인식하지 못한다. 지금 바로 기억을 더듬어 보라. 백화점이나 고급 호텔 등에 들어갔을 때 코를 자극하는 향기의 정체가 무엇인지 생각해 본 적이 있는가? 만약 그런 경험이 있다면 그곳이 마음에 들지 않았을 가능성이 크다. 어찌 됐든 좋은 향기는 우리의 정신줄을 빼앗아 간다. 향기가 순식간에 우리의 무의식을 점령했기 때문이다.

스타벅스의 성공에서도 이러한 예를 찾아볼 수 있다. 스타벅스가 시애틀에서 처음 문을 열었을 때, 그곳을 찾은 모든 고객은 고급 커피 향에 도취되었다. 그곳에서는 인공 향이 나는 커피는 일절 판매하지 않았다. 풍부하고 깊은 커피 향은 사람들로 하여금 단순하게 커피를 판매하는 카페에 들어왔다는 것 이상의 체험을 하게 만들어 주었다. 이런 특별한 향기는 사람들의 입에서 입으로 전해졌다. 그로 인해 스타벅스는 더 많은 사람이 모여 같은 경험을 하고 공유하는 하나의 명소로 자리 잡았다. 결국 이런 특별한 감각 체험이 지금의 스타벅스를 만든 것이다. 결론적으로 말하면, 사람의 코는 눈만큼이나 예민하다. 아니, 오히려 눈보다 더 예민하다.

눈과 귀로 들어오는 정보는 구별할 수 없을 정도로 넘친다. 그것이 그것 같고 그 소리가 그 소리 같다. 무엇 하나 사려면 비슷한 제품이 수십 개가 있어 선택을 하는 데 상당히 피곤하다. 그런데 코로 들어오는 정보는 여러 향이 섞이기 힘들다. 만약 여러 향이 섞인다 해도 코로 들어오는 정보는 한

정적이다. 여러 향이 섞이더라도 단 한가지 향으로 남아 뇌에 전달되기 때문이다. 따라서 자신에게만 풍기는 독특한 향기가 있다면 이것이 의미하는 바는 상당히 크다.

'나'라는 브랜드를 상대방에게 어필할 수 있는 방법은 여러 가지가 있지만 그중에서 눈에 보이는 것보다 상대방의 코를 자극하는 방법에 대해 연구해 보자. 이는 이미지를 구성하는 아주 중요한 하나의 축이다. 눈에 들어오는 이미지가 전부가 아님을 알아야 한다. 매우 아름다운 여성일지라도 혹은 매우 멋진 남성일지라도 그 사람에게서 풍기는 향기로 인해 극과 극의 이미지를 남길 가능성이 있다.

누구나 고급스러운 이미지를 갖고 싶을 것이다. 그렇다면 백화점 명품관에서 어떤 향기가 나는지 확인해 보라. 그리고 그 향기를 자신의 것으로 만들어라. 굳이 말이나 행동이 아니더라도 상대방의 후각을 자극함으로써 강력한 커뮤니케이션을 할 수 있다.

코를 통해 뇌로 전달되는 향기의 이미지는 상대방에게 오랫동안 좋은 기억과 추억을 선사할 수 있는 훌륭한 방법이다. 세상에 나와 있는 수많은 향수 중에서 자신을 가장 잘 표현할 수 있고, 자신의 캐릭터와 가장 잘 어울리는 것을 심사숙고하여 선택하는 것이 좋다. 지금까지 향수와 담을 쌓고 살아 왔다면 이제부터라도 눈에 보이는 것이 전부가 아님을, 향기가 나를 매력적으로 표현할 수 있는 쉽고 강력한 방법임을 깨달아야 한다.

"그 남자(여자)는 특별한 색을 가지고 있어."라는 말보다 "그 남자(여자)에게서는 항상 특별한 향기가 나."라는 말이 더 신비스럽지 않은가. 똑같은 식스팩을 가지고 있다 하더라도, 트렌디한 메이크업으로 동안 외모를 과시한다 해도 향기를 품고 있는 사람과 그렇지 않은 사람과의 차이는 굳이 설명하지 않아도 느낄 수 있으리라 생각한다.

자신만의 향기를 만들어라! 필자는 향기 역시 경쟁력을 만들어 주는 하나의 스펙이라고 생각한다. 향기는 말로 무언가를 전달하기 전에 순식간에 상대방에게 자신을 각인시킬 수 있는 훌륭한 커뮤니케이션 도구이다. 특별한 노력을 기울이지 않고도 상대방의 마음을 흔들어 놓을 수 있다. 이때 주의해야 할 것은 '적당함'이다. 악취를 풍기는 것보다는 낫겠지만 코를 마비시킬 듯 요란스럽게 향수를 뿌리는 것은 바람직하지 않다. 다시 한 번 강조한다. 은은하게, 티 나지 않게 상대방을 사로잡아라. 향기는 당신의 경쟁력을 높여 주는 최상의 커뮤니케이션 무기가 될 수 있다.

> **TIP** 소통의 점화 플러그 **11**
>
> 1. 시각 못지않게 중요한 것이 바로 후각이다. 하루에 우리가 만들어 내는 모든 감정의 75%가 냄새의 영향을 받는다. 코로 들어오는 정보에 따라 행복해지기도 하고, 그 반대가 되기도 한다.
>
> 2. 향기는 상대방에게 좋은 기억을 심어 줄 수 있다. 나만의 향기로 상대방을 사로잡아라. 향기는 경쟁력을 높여 주는 최상의 커뮤니케이션 도구가 될 수 있다.

source 12
좋은 습관이
원하는 방향으로 길을 열어준다

한 신문 기사에서 오늘날 아이돌이 탄생하기까지 어느 정도로 훈련을 하는지 하루 일과를 소개한 것을 본 적이 있다.

10:00-12:00 영어 수업

12:00-13:00 점심 식사

13:00-15:00 안무, 보컬 연습

15:00-17:00 보컬, 랩 등 개인 교습(매주 금요일 연기 수업)

17:00-18:00 저녁 식사

18:00-20:00 안무 수업

* 수업 때마다 개별 평가
* 1년 내내 반복

* 휴일 : 월 1~2회, 매니저와 영화 관람
* 이성 교제 금지
* 데뷔까지의 평균 연습 연수 : 약 4년 / 11,680시간

당신이라면 이 과정을 휴일 없이, 1년 내내 소화할 수 있겠는가? 생각만 해도 머리가 아프다. 하지만 수많은 아이돌은 평균적으로 이러한 훈련 스케줄을 소화한 뒤 무대에 선다. 한 분야에 만 시간 정도를 투자하면 달인의 경지에 오른다고 하는데, 그들은 정식으로 활동하기 전에 이미 엄청난 시간을 투자한다. 어떻게 보면 막 연예계에 데뷔한 풋풋한 신인이라도 실력만큼은 고수의 수준에 도달해 있다고 말할 수 있다. 하지만 안타까운 것은 이처럼 뼈를 깎는 노력을 한 뒤 데뷔를 했다 하더라도 성공률은 극히 낮다는 것이다. 우리의 머릿속에서 흔적도 없이 사라진 아이돌이 얼마나 많은가.

흥미 삼아 읽은 기사였지만, 기사를 읽고 난 뒤 느낀 현기증은 상당히 오래갔다. 스무 살도 채 되지 않은 앳된 친구들이, 친구들과 놀러 다니기에도 바쁜 친구들이 보장되지 않은 성공을 위해 엄청난 고통을 감수하며 하루하루 땀을 흘리고 있다니 마음이 짠했다. 필자도 같은 업종에서 일하는 다른 동료들보다 더 많은 시간과 노력을 투자했다고 자부하지만, 그늘의 노력과 고통 앞에서는 절로 고개가 숙여진다.

누구나 성공을 간절히 원한다. 하지만 성공을 위해 얼마나 많은 노력을 했는지 물어보면 당당하게 답하는 사람이 많지 않다. 필자는 이 책을 쓰기 위해 엄청난 노력을 기울였다. 하지만 아이돌이 되기 위한 연습생들의 노력과 비교하면 아무것도 아니라는 생각이 든다.

필자의 지도 교수님은 "책을 쓴다는 것은 자신의 골수를 빼는 것만큼이나 고통스럽고 어려운 작업이다."라고 말했다. 골수를 빼내는 것만큼은 아니었지만 한 문장을 쓰기 위해 그보다 훨씬 많은 문장을 읽어야 했고, 수정

에 수정을 거듭해야 했다. 그렇게 1년여의 시간을 투자하여 어렵사리 한 권의 책을 세상에 내놓을 수 있었다. 만약 필자가 아이돌이 되고자 하는 친구들처럼 더욱더 치열하게 시간을 보냈다면 어땠을까? 분명 더 훌륭한 커뮤니케이션 기술, 필자만의 노하우를 이 책 안에 가득 채웠을 것이다.

평생 500여 권의 책을 집필하고 2,460여 편의 시를 남긴 다산 정약용 선생의 일화를 소개한다. 이는 〈경향신문〉에 연재된 '신홍근의 공부 미락'을 참고했다.

> 다산 선생이 귀양지에서 만난 15세의 소년에게 공부할 것을 권하자, 소년은 "저는 머리가 좋지 않아 공부와 어울리지 않습니다."라고 하였다. 이 말을 들은 다산 선생은 이렇게 말했다.
> "공부하는 사람에게 세 가지 병통이 있는데, 너는 그것이 없다. 암기력이 뛰어난 사람은 공부가 소홀하고, 문장력이 좋은 사람은 글이 날고 들뜨며, 이해력이 빠른 사람은 사색이 적어 깊이가 없고 거칠다. 하지만 둔한데도 계속 천착하면 결국 구멍이 넓어지고, 막혔다가 뚫리면 흐름이 성대해지며, 답답해도 연마하는 사람은 결국 그 빛이 아름답다."

아이돌 그룹의 혹독한 연습량을 통해 그리고 그 누구도 흉내 내지 못할 업적을 이룬 다산 선생의 가르침을 통해 우리가 간절히 원하는 성공은 나에게 달려 있다는 평범한 진리를 얻게 되었다. 결국 얼마나 간절하고 진실한 마음으로 자신의 일에 임했는지의 여부가 성공을 결정짓는다.

그렇다면 성공적인 인생의 첫걸음은 반드시 뼈를 깎는 듯한 고통스러운 노력에서 시작해야 하는 것일까? 꼭 그렇지만은 않다. 고통스러운 노력보다 더 아름다운 결과를 만들어 낼 수 있는 방법을 소개하겠다.

필자의 지인에 대한 이야기이다. 그는 지방의 한 대학에서 영어를 전공하고, 아무런 연고도 없는 서울로 올라와 대학원에서 학업을 마친 뒤 그 흔한 어학연수도 다녀오지 않고 오로지 자신만의 노력으로 많은 사람에게 능력을 인정받은 스타 영어 강사이다. 그는 중학생 때부터 성인이 될 때까지 단 하루도 빼놓지 않고 다음 날에 반드시 해야 하거나 이루어야 할 일 다섯 가지를 일기장에 적었다고 한다. 그리고 무슨 일이 있어도 다섯 가지는 끝맺음을 짓기 위해 노력했다고 한다. 그렇게 옆도, 뒤도 보지 않고 생활하다 보니 지금의 위치에 설 수 있었던 것이 아닌가 싶다.

야신 김성근 감독은 이렇게 말했다.

"습관이 계속되면 그 습관은 자연스럽게 행동이 되고, 그 행동이 쌓이고 반복되다 보면 운명이 바뀌게 된다."

우리는 여기에서 한 인물을 성공시킨 '습관'에 집중해야 한다. 성공만을 좇다 보면 압박감에 짓눌려 살 수밖에 없다. 하지만 '좋은 습관'은 우리가 원하는 방향으로 길을 열어 줄 것이라 생각한다.

이번 장에서 끊임없이 강조한 것이 바로 '무의식의 힘'이다. ==무의식을 이용한 커뮤니케이션은 의식이 관여할 틈도 없이 순식간에, 또 자동적으로 내가 의도한 대로 상대방을 움직이게 만드는 힘이 있다. 이 힘을 본인 스스로에게 이용해 보라.== 사람은 대부분의 시간을 무의식에 의해 움직인다. 누가 가르쳐 준 것도 아닌데 스스로 축적된 경험에 의해서, 고정관념에 젖어서 별다른 고민 없이 시간을 보낸다.

출근을 할 때나 퇴근할 때 그리고 집에서의 생활을 곰곰이 되짚어 보라. 1년 내내 비슷하지 않은가? 매일매일 다르면 오히려 그게 더 이상하다. 이것 역시 스스로 만든 무의식의 힘이다. 남들보다 더 잘 살고 싶은 욕망, 더 뛰어난 창의력을 발휘하고 싶은 욕망, 반짝반짝 빛나는 삶을 살고 싶은 욕망을 가지고 있으면서 습관적으로 매일 반복되는 지루한 일상을 산다는 것은 말이 안 된다.

이러한 고민을 가지고 있다면 스스로의 무의식을 깨우는 방법을 강력 추천한다. 다른 사람과의 커뮤니케이션도 중요하지만 무엇보다 자신과의 커뮤니케이션을 통해 스스로를 바꿀 수 있다면 세상에서 가장 훌륭한 커뮤니케이터로 다시 태어날 수 있다. ==자신과의 커뮤니케이션에서 성공할 수 있는 방법은 바로 '습관의 변화'이다.==

좋은 습관이 운명을 바꾼다는 것은 과학적으로도 증명된 바 있다. 《회복탄력성》의 저자 김주환은 하루를 정리하며 그날 감사했던 일 다섯 가지를 일기에 적는 습관을 들일 것을 권유하였다. 그러면 감사한 마음으로 하루 동안에 있었던 일을 돌이켜 보다가 잠들게 된다. 이러한 일이 반복되면 우리의 뇌에는 '감사의 마인드'가 심어진다. 그래서 아침에 눈을 뜨면 감사한 일부터 찾게 되고, 자신에게 일어나는 일들을 감사한 마음으로 바라보게 된다. 그로 인해 몸과 마음이 최상의 상태가 되고, 삶이 조금씩 변화한다. 이는 결국 습관은 의식적으로 기억해서 만드는 것이 아니라 무의식의 컨트롤과 훈련을 통해 만들어 내는 것이고, 그 어떤 노력보다 큰 힘을 발휘할 수 있다는 것을 알려 준다.

좋은 습관이 반드시 성공을 보장한다고 말할 수는 없다. 하지만 인생을 환하게 밝혀 줄 것이라고 확신한다. 사소한 습관이 우리의 인생을 어떻게 바꿀 수 있는지 양귀자의 글 '삶의 신호를 받는 방법에 대하여'에 잘 표현되어 있다.

> 영혼을 강타하는 벼락은 아무에게나 내리지 않는다. 하지만 작은 실금에도 불현듯 둑은 무너지고 물은 범람한다. 깃털 같은 눈송이도 쌓이면 지붕을 가라앉히고 거목을 쓰러뜨리듯 우리들 삶은 늘

하찮은 것으로부터 커다란 것을 일궈 낸다. 열심히, 무조건 열심히 하면 무엇이든 쌓인다. 더 이상 무엇을 말하랴. 결정적인 순간이란 곧 전력을 다하며 살아 낸 순간임을 모르는 사람이 없는데…….

좋은 습관을 가지고 무조건 열심히 하다 보면 결정적인 순간이 온다. 결정적인 순간이란, 반복하다 보니 자동적으로 몸에 스며든 습관이 오랜 시간 동안 쌓인 결정체가 아닐까?

지금부터 어떤 습관을 들일지 행복한 고민에 빠져 보기 바란다. 그럴 수 있는 자만이 진정한 커뮤니케이션 달인이 될 수 있다. 나를 켜켜이 감싸 자동적인 행동을 유발하는 무의식을 깨뜨리는 것보다 더 중요한 것이 바꾸는 것이다. 바꿀 수 있다면 인생은 자신이 원하는 대로 흘러갈 것이다.

> **TIP 소통의 점화 플러그 12**
>
> 1. 성공적인 인생의 첫걸음은 반드시 뼈를 깎는 듯한 고통스러운 노력에서 시작해야 하는 것일까? 그렇지 않다. 자신과의 커뮤니케이션을 잘하면 원하는 결과를 얻을 수 있다.
>
> 2. 습관이 계속되면 그 습관은 자연스럽게 행동이 되고, 그 행동이 쌓이고 반복되다 보면 결국 운명이 바뀐다.
>
> 3. 습관은 의식적으로 기억해서 만드는 것이 아니라 무의식의 컨트롤과 훈련을 통해 만들어 내는 것이다. 무의식적인 습관은 어떤 노력보다 큰 힘을 발휘한다.

참고 문헌

- 김헌식, 《의외의 선택, 뜻밖의 심리학》, 위즈덤하우스, 2010
- 장하영, 《해커스 심리학》, 휘닉스, 2011
- 나이토 요시히토, 《51인의 심리학자, 이기는 화술을 말하다》, 예문, 2011
- 조엘 오스틴, 《긍정의 힘》, 두란노, 2005
- 이정숙, 《한국형 대화의 기술》, 더난, 2008
- 김은성, 《마음을 사로잡는 파워 스피치》, 위즈덤하우스, 2007
- 리처드 탈러·캐스 선스타인, 《넛지》, 리더스북, 2009
- 조지 레이코프, 《코끼리는 생각하지 마》, 삼인, 2006
- 제럴드 잘트먼, 《HOW CUSTOMERS THINK》, 21세기북스, 2004
- 앨런 바커, 《먹히는 의사소통》, 비즈니스맵, 2008
- 헤리 벡위드, 《언씽킹》, 토네이도, 2011
- 엘리자베스 페이스, 《쇼핑의 심리학》, 웅진윙스, 2010
- 최인철, 《프레임-나를 바꾸는 심리학의 지혜》, 21세기북스, 2007
- 김제동, 《김제동이 만나러 갑니다》, 위즈덤경향, 2011
- 김미경, 《여성 마케팅》, 위즈덤하우스, 2005
- 대니얼 카너먼, 《생각에 관한 생각》, 김영사, 2012
- 정성희, 《무의식 마케팅》, 시니어커뮤니케이션, 2009
- 이외수, 《아불류 시불류》, 해냄, 2010
- 김주환, 《회복탄력성》, 위즈덤하우스, 2011
- 안철수 외, 《내 인생의 결정적 순간》, 이미지박스, 2007
- 김난도, 《아프니까 청춘이다》, 쌤앤파커스, 2010
- 프리트헬름 슈바르츠, 《착각의 과학》, 북스넛, 2011
- 리처드 와이즈먼, 《59초》, 웅진지식하우스, 2009
- 허태균, 《가끔은 제정신》, 쌤앤파커스, 2012
- 김일중, 《토크쇼 화법》, 중앙북스, 2007
- 강태완, 《설득의 원리》, 페가수스, 2010
- 전미옥, 《대한민국 20대, 말이 통하는 사람이 돼라》, 명진출판, 2009
- '노안과 동안의 갈림길'(경향신문 2010. 3. 23)
- '아이돌에게 오늘이 있기까지'(경향신문 2012. 2. 23)
- '신홍근의 공부 미락'(경향신문 2011. 5. 31)

디톡스
커뮤니케이션